Konjunktiv ... aber gründlich!

1. Auflage 2024

Inhalt: Hans-Peter Tiemann
(Die Rechte an den Geschichten verbleiben beim Autor.)
Umschlagbild: © alfa27 - AdobeStock.com
Bildquellen: © clipart.com
Redaktion: Kohl-Verlag
Grafik & Satz: Kohl-Verlag
Druck: farbo prepress GmbH, Köln

Bestell-Nr. 12 734

ISBN: 978-3-98558-122-1

Zusatzmaterial zu diesem Titel im Online-Shop erhältlich:

Unter der Rubrik "Materialdownload" auf der Startseite befindet sich ein direkter Link zum Download des Zusatzmaterials zu diesem Band.

Geben Sie beim Download-Vorgang bitte diesen Code ein: **PA5GR18A**

Inhalt

Vorwort

Viele Jugendliche, aber auch Erwachsene haben große Mühe, den Konjunktiv korrekt zu bilden und zu gebrauchen, sodass sie lieber auf den einfachen Indikativ oder auf „würde"-Umschreibungen zurückgreifen. Das ist kein Wunder, braucht doch die Duden-Grammatik mehr als 20 Seiten, um den Konjunktiv zu erklären.
Auch im öffentlichen Sprachgebrauch schwinden die Konjunktivformen. Manche beklagen das als „Sprachverfall", während sich ringsum die Plädoyers für eine „Vereinfachung der Sprache" häufen. Längst haben sich „Ich-so-er-so-sie-so"- Umschreibungen bei der Redewiedergabe in Textnachrichten oder im alltagssprachlichen Gebrauch nicht nur unter Jugendlichen durchgesetzt.
Doch leider verlieren Sprache und Denken mit dem weitgehenden Verzicht auf den Konjunktiv eine Spielfähigkeit, die es uns erlaubt, Alternativen anzunehmen, Vorstellungen zu entwerfen und mit Hypothesen zu operieren. Bei R. Musil heißt es dazu: „So ließe sich der Möglichkeitssinn geradezu als die Fähigkeit definieren, alles, was ebenso gut sein könnte, zu denken (...). Solche Möglichkeitsmenschen leben, wie man sagt, in einem feineren Gespinst, in einem Gespinst von Dunst, Einbildung, Träumerei und Konjunktiven; Kindern, die diesen Hang haben, treibt man ihn nachdrücklich aus und nennt solche Menschen (...) Phantasten, Träumer ..." (in: Musil, Robert, Der Mann ohne Eigenschaften, Bd.1, S.16, Berlin 1930. Zit.n.: https://www.projekt-gutenberg.org/musil/mannohne/chap004.html)

Das vorliegende Heft möchte Lust auf konjunktivische Formulierungen im mündlichen wie im schriftlichen Sprachgebrauch machen. Während aktuelle Lehrwerke dem Thema oft nur wenige Seiten widmen, geht diese Erarbeitung behutsam und sehr ausführlich vor. Sie enthält zahlreiche Übungen, präsentiert dazu Tonaufnahmen, vielfältige Textsorten, mögliche Klassenarbeiten und Lernspiele. Dabei erweist sich der Konjunktiv meist als „beste Lösung", indem er hilft, präzise zu formulieren und das Gemeinte in angemessene Worte zu kleiden.
Schließlich sei zu Gelassenheit und Großzügigkeit geraten, wenn es um die systematische Einübung von Konjunktiven geht. So sind die Folgeseiten als Anregungen zu verstehen, den Konjunktiv häufiger als bisher und vor allem semantisch gezielt einzusetzen.

Gute Deutschstunden, die den Konjunktiv mit Fahrradketten-Reimvergnügen „wie geschmiert" zum Klingen bringen, wünschen

der Kohl-Verlag und Hans-Peter Tiemann

Die Symbole bedeuten:

schriftlich bearbeiten

lesen und vorlesen

einen Audio-Track spielen / anhören

inszenieren und spielen

1 Die Audio-Seite

Die Übersicht zeigt die **Audio-Files**,gesprochen von Hans-Peter Tiemann.

	Titel / Bezug	**Seite**
Track 1	*Klaras Klage / Konjunktiv II*	5
Track 2	*Ein Grammatik-Gleichnis / Konjunktiv II*	9
Track 3	*Drei Begeisterte / Umschreibungen mit "würde"*	19
Track 4	*Drei Möglichkeiten - verschiedene Betonungen*	22
Track 5	*Höflich und freundlich - Julians Bewerbungsschreiben*	22
Track 6	*Konjunktiv II - Gedichte*	23
Track 7	*Haushohe Niederlage - ein Gedicht / Lösung*	24
Track 8	*Bens Versteck - Konjunktiv II Gedicht*	25
Track 9	*Die Sprachnachricht von Herrn Wiedemann - Konjunktiv I*	28
Track 10	*Die Bibliothekarin, Teil I - Konjunktiv I*	32
Track 11	*Die Bibliothekarin, Teil II*	33
Track 12	*7a im Zoo, 13.30 Uhr - indirekte Rede*	51

2 Klara, Konjunktiv und Fahrradkette

Hi Leute,

neuerdings beschäftigen wir uns im Deutschunterricht mit dem Konjunktiv. Frau Timpe sagt, wenn wir ihn benutzen, müssen wir die Verben im Satz umbauen. Die bekommen dann eine ganz neue Gestalt und einen neuen Klang. Ich hab's versucht. Was bei meiner Verbenbastelei herausgekommen ist, könnt ihr unten lesen.

Übrigens: In meinem Gedicht habe ich „Kai" nur erwähnt, damit es sich reimt. Ansonsten ist der mir schnurzpiepegal. Wenn Kai überhaupt von etwas träumt, dann von seinem Skateboard ...

Grüße
Klara

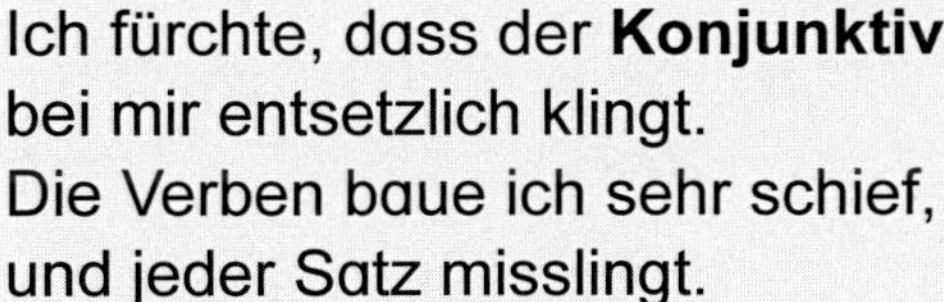

Ich fürchte, dass der **Konjunktiv**
bei mir entsetzlich klingt.
Die Verben baue ich sehr schief,
und jeder Satz misslingt.

Besüße, -säße, -söß' ich nur
Grammatik-Medizin,
die nöhm', nähm', nühm' ich nach der Uhr
vor jedem Deutsch-Termin.

Ich schriebe, schrübe dann den Test
wahrscheinlich fehlerfrei.
Das gübe, gäbe wohl ein Fest,
mit Blumen köme, käme Kai.

Der schwärmte, schwörmte nur von mir
und rüfe, riefe intensiv:
„Ich träume jede Nacht von dir,
Prinzessin-Konjunktiv!"

1) Lest Klaras Gedicht und fasst zusammen, was sie hier schreibt.

2) Zeigt am Text, dass sie sehr unsicher im Gebrauch der Verben ist.

3) Tatsächlich benutzt Klara im Gedicht auch **richtige Konjunktiv-Formen**. Unterstreicht sie und lest das Gedicht korrekt vor. Um welche Formen es sich handelt und wie sie gebildet werden, könnt ihr hier hören: **Track 1**

2 Klara, Konjunktiv und Fahrradkette

Hi Leute,

hört zu, worüber wir heute Morgen kurz vor der Mathearbeit geredet haben:
Lennard: „Ich hätte jetzt gern einen Doppelgänger, der für mich die Arbeit schreibt."
Millie: „Ich hätte am liebsten den kuscheligen Platz da hinten, ganz dicht neben Julian."
Sandro: „Ich hätte gern eine anspruchsvolle Arbeit, in der ich zeigen kann, wozu ein Mathegenie in der Lage ist."
Marlene öffnete das Fenster, blickte verträumt nach draußen in den Frühlingsmorgen und seufzte: **„Hätte, hätte, Fahrradkette!"**
Weiß jemand von euch, was sie damit sagen wollte?

Grüße
Klara

Wer „Hätte, hätte, Fahrradkette!" sagt, will damit ausdrücken:

a) Das ist Wunschdenken, nichts weiter.

b) Deine Fahrradkette ist schuld daran.

c) Träumt weiter!

d) Ihr könnt es nicht ändern, findet euch damit ab!

e) Hinterher ist man immer schlauer.

f) Pass demnächst besser auf, wenn du dich aufs Fahrrad setzt!

g) Hätte der Hund nicht geschissen, hätte er den Hasen gekriegt! (Redensart)

4) Lest das Gespräch in Klaras Klasse mit verteilten Rollen und beantwortet ihre Frage.

5) Markiert die Sprechblasen, die ausdrücken, was der **Fahrradketten-Ausspruch** bedeutet.

6) Findet eine weitere „Übersetzung" und notiert sie in der letzten Sprechblase (h).

Bühne frei für das Fahrradketten-Drama

Bestimmt kennt ihr alle die **Fahrradketten-Redensart** und habt sie schon einmal in Situationen benutzt, die sich wie ein Drama entwickeln:

1. Ereignis

Es ist etwas schiefgelaufen. Vielleicht gab es eine Fehlentscheidung, etwas Unangenehmes ist passiert, jemand hat etwas falsch gemacht, etwas ist missglückt ...

Tom hat einen Elfmeter verschossen.

2. Palaver

Nun treten die **Besserwisser** auf. Man spricht darüber, was passiert wäre, wenn es anders gekommen wäre, wenn das Ereignis nicht stattgefunden hätte. Das Palaver (Geschwätz, Gerede) klingt etwa so:

*„**Hätte** er den Elfmeter verwandelt, **hätten** wir das Spiel gewonnen." „**Hätte** er ins linke Eck geschossen, **hätte** der Torhüter keine Chance gehabt." „**Hätte** Mila den Elfer übernommen, **hätte** sie ihn bestimmt im Tor versenkt."*

3. Abpfiff

Schließlich sagt jemand, so ein Gespräch sei reine Zeitverschwendung. Man kann ein Ereignis nicht ungeschehen machen. Diese Person sagt:

„Hätte, hätte, Fahrradkette."

... und beendet damit das oft sinnlose Nachdenken über eine verpasste Gelegenheit.

7) Spielt so eine Szene zum „**Fahrradketten-Drama**" mit verteilten Rollen. Bildet dazu Spielgruppen, wählt eines dieser **Ereignisse**, schließt ein „**Palaver**" an und beendet die Szene mit dem „**Abpfiff**":

Der Handy-Diebstahl	*Bella und die Hundeleine*	*10 Minuten Verspätung*
Vom Gewitter überrascht	*Die Einladung zur Geburtstagsparty*	

Konjunktiv ...aber gründlich! – Bestell-Nr. 12 734

8) Bildet weitere **Reimsprüche** - etwa: *Wäre, wäre, Stachelbeere!* - , mit denen man ein sinnloses Gespräch „abpfeifen" könnte.
Hier findet ihr Satzanfänge und eine Auswahl an Reimwörtern. Tragt eure Ergebnisse ein.

Beachtet: Die fehlenden Wörter sollten immer **vier Silben bilden**, dann klingt euer Reimspruch gut. Setzt also vor ein zweisilbiges Nomen noch ein Adjektiv oder „verlängert" das Nomen mit weiteren Silben, Die Linien j, k, l und m könnt ihr für eigene Ideen nutzen.

a) Gäbe, gäbe, ____________________!

b) Wäre, wäre, ____________________!

c) Ginge, ginge, ____________________!

d) Führe, führe, ____________________!

e) Wüsste, wüsste, ____________________!

f) Fände, fände, ____________________!

g) Läse, läse, ____________________!

h) Liefe, liefe, ____________________!

i) Schriebe, schriebe, ____________________!

Baugerüste; Angelschnüre; Pekinese; Vogelschwinge; Schwüre; Tiefe; Gelände; Liebesbriefe; Fähre; Lebensende; Taschendiebe; Nordseeküste; Millionäre; Käse; Liebe; Ringe; Zauberstäbe;

j) __________, __________, ____________________!

k) __________, __________, ____________________!

l) __________, __________, ____________________!

m) __________, __________, ____________________!

9) Beschreibt die Situationen, in denen solche Sprüche gesagt werden könnten.

Der Konjunktiv II, ein seltener Vogel

Ein Grammatik-Gleichnis

Gerade ist der **Konjunktiv II** durch deine Sätze geflattert. Du hast ihn gehört, wie er „hätte, hätte" krächzte, wie er „wäre, wäre" knarzte oder „führe, führe" trällerte.
Dabei ist der **Konjunktiv II** ein sehr scheuer Vogel, dem du in unserer Sprachlandschaft nur selten begegnest. Er versteckt sich gern an Orten der Fantasie und kommt hervor, wenn du Wünsche ausspricht, die oft unerfüllbar sind. Du hörst ihn auch, wenn dir jemand einen vorsichtigen Rat gibt, eine Bitte ausspricht oder einen Vorschlag macht.
Seine Nester baut der **Konjunktiv II** übrigens nur dort, wo er Verben ausbrüten kann. Sind sie erst einmal geschlüpft, erkennst du viele von ihnen an ihren Umlauten „**ä**", „**ü**" oder „**ö**".
In unserer Sprache gehört dieser Vogel übrigens zu den bedrohten Arten. Manche fürchten sich vor ihm, gebrauchen ihn nur noch selten und lassen es zu, dass ihn die gefräßige **Würde-Krähe** aus seinem Revier verdrängt ...

Ein Gleichnis ist eine kurze Erzählung, die ein anschauliches Bild zeigt, um etwas - einen Sachverhalt, einen abstrakten Vorgang - verständlich zu machen.

1) Lest das „Grammatik-Gleichnis" und/oder hört es euch hier an. Fasst es zusammen und erklärt, was der Autor mit dem Bild vom seltenen Vogel zeigen möchte, und nennt vier seiner Eigenschaften: **Track 2**

Natürlich ist der **Konjunktiv II** kein Vogel, sondern **ein Modus** (Plural: Modi). So bezeichnet man die Aussageweise von **Verben.** Es gibt **drei verschiedene Modi**: den **Indikativ** (die Wirklichkeitsform), den **Konjunktiv** (die Möglichkeitsform) und den **Imperativ** (die Befehlsform).

Hier drei Satzbeispiele: **a)** *Los, komm mit!* **b)** *Meine beste Freundin zieht demnächst an die Nordsee.* **c)** *Ich zöge am liebsten mit ihr dorthin.*

2) Ordnet die **drei Modi (Indikativ, Konjunktiv und Imperativ)** den Sätzen a, b und c zu. Unterstreicht die Verben.

3 Der Konjunktiv II, ein seltener Vogel

Info-Box

Der Konjunktiv II eignet sich für:

1	2	3	4	5
Wünsche	**„wenn-dann"-Bedingungssätze**	**Ratschläge**	**Vermutungen**	**„als ob" -Vergleiche**
*So gern **hätte** ich eine Katze.*	*Wenn Oma einverstanden **wäre, führe** ich zu ihr.*	*Du **müsstest** häufiger trainieren.*	*Benni **dürfte** jetzt auf der Insel angekommen sein.*	*Mia benimmt sich, als **wäre** ich Luft für sie.*

a) Wenn ich Zauberkraft besäße, machte ich mich unsichtbar.

b) Es könnte sein, dass sich der Zug heute verspätet.

c) Lennard guckt, als ob er ein Gespenst sähe.

d) Du solltest dich vor Josie und ihrer Clique hüten.

e) Ich wäre gern eine erfolgreiche Tennisspielerin.

3) Ordnet die Satzbeispiele (a - e) den fünf Möglichkeiten, den Konjunktiv II zu benutzen, zu.

4) Findet weitere Beispielsätze mit dem Konjunktiv II und notiert sie.

4 Verwandlungswünsche

Hi Leute,

Frau Timpe hat uns heute erklärt, dass wir immer dann, wenn wir von Dingen oder Ereignissen sprechen, die nicht real sind, die wir uns wünschen, vorstellen oder einbilden, den **Konjunktiv II** benutzen sollen. Man nennt ihn übrigens auch: den **Irrealis!**
Von nun an sage ich also nicht mehr: „Ich spreche Leandro nach der Schule an." Stattdessen heißt es: „Wäre ich etwas mutiger, spräche ich Leandro nach der Schule an und gäbe ihm ein Eis aus." Alles heute noch irreal, aber morgen: Wer weiß, wer weiß ...

Grüße
Klara

<u>Wäre</u>* *ich ein Vogel, dann* ***<u>flöge</u> *ich jetzt zu dir.*

1. Person Singular, Konjunktiv II des Hilfsverbs „**sein**"	1. Person Singular, Konjunktiv II des Verbs „**fliegen**"

So bildest du diese Form:

a) Der Konjunktiv II wird immer von einer Verbform im **Präteritum** abgeleitet. Konjugiere das Hilfsverb „sein" in der Zeitform **Präteritum**: *ich war, du warst, er/sie/es war, wir waren, ihr wart, sie waren.*

b) Finde den **Verbstamm**, indem du bei der ersten Person Plural - *waren* - die Endung *„-en"* streichst. Der Stamm lautet: *„war"*

c) Setze das „Ich" davor und hänge ein „e" als **Konjunktiv-Endung** daran: *Ich ware*

d) Nun musst du aus dem Stammvokal *„a"* ein „ä" machen, denn im Konjunktiv II entsteht ein **Umlaut.**

So bildest du diese Form:

a) Der Konjunktiv II wird immer von einer Verbform im **Präteritum** abgeleitet. Konjugiere das Verb „fliegen" in der Zeitform **Präteritum**: *ich flog, du flogst, er/sie/es flog, wir flogen, ihr flogt, sie flogen.*

b) Finde den **Verbstamm**, indem du bei der ersten Person Plural - *flogen* - die Endung *„-en"* streichst. Der Stamm lautet: *„flog"*

c) Setze das „Ich" davor und hänge ein „e" als **Konjunktiv-Endung** daran: *Ich floge*

d) Nun musst du aus dem Stammvokal *„o"* ein „ö" machen, denn im Konjunktiv II entsteht ein **Umlaut.**

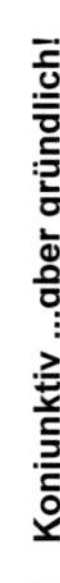

4 Verwandlungswünsche

a) Einmal eine berühmte Schauspielerin sein ...

b) Als Unsichtbarer das Lehrerzimmer betreten ...

c) Als Schmetterling von Blume zu Blume fliegen ...

d) In deine Haut schlüpfen ...

e) Die Gestalt eines Riesen annehmen ...

f) Ein Magier sein...

1) Bildet mit den Ideen der Sprechblasen Sätze nach diesen Mustern. Benutzt darin jeweils den Konjunktiv II. Falls ihr unsicher seid, wie die Verbformen lauten, seht in den Tabellen auf den Seiten 14 - 16 nach

Satzmuster

a) Wäre ich (oder eine andere Person) ________ *, dann* __________

b) Könnte ich (oder eine andere Person) _________ *, dann* _______

c) Hätte ich (oder eine andere Person) _______ *, dann* __________

Beginnt mit dem Verb einer Sprechblase (Schlüpfte ich ...) oder mit der Konjunktion „wenn“

2) Formuliert eigene Verwandlungswünsche und notiert sie mit dem Konjunktiv II.

3) Spielt **„Wäre oder hätte ich ...“** mit Partnerin oder Partner nach eigenen Spielregeln.

Verbformen im Konjunktiv II

Info-Box

Der **Konjunktiv II** entsteht, indem du die passende Konjunktiv-Endung an den **Verbstamm im Präteritum fügst:**

Die Konjunktiv-Endungen

Person	*Endung*	***geben** (starkes Verb) ; Verbstamm Präteritum, umgelautet: **gäb***	***warten** (schwaches Verb); Verbstamm Präteritum: **wartet***
1.Sg.	- e	ich gäb-e	ich wartet-e
2.Sg.	- est	du gäb-est	du wartet-est
3.Sg.	- e	er/sie/es gäb-e	er/sie/es wartet-e
1.Pl.	- en	wir gäb-en	wir wartet-en
2.Pl.	- et	ihr gäb-et	ihr wartet-et
3.Pl.	- en	sie gäb-en	sie wartet-en

So wird aus *„du gabst“* (2.Sg. Indikativ Präteritum) *„du gäbest“* (2.Sg. Konjunktiv II). Dabei wird die Indikativ-Endung „-st“ ersetzt durch die Konjunktiv- Endung „-est“.

Achtung: Schwache Verben unterscheiden sich im Konjunktiv II nicht vom Indikativ-Präteritum. Beispiele findet ihr hier und in der Tabelle auf der Seite 15.

a) Marie gäbe mir jederzeit ihr Handy.

b) Du zögest solche Klamotten niemals an.

c) Hakan äße kein Fleisch mehr, wenn er von den quälenden Tiertransporten erführe.

d) Ihr sprächet leiser, wenn ihr wüsstet, dass man euch hört.

e) Ich ginge gern in den Zoo.

1) Unterstreicht in den Sätzen a - e die Verben im Konjunktiv II. Notiert hier, um welche **Verbform** es sich jeweils handelt:

a) *gäbe: geben, 3.Sg.Konj. II* b) ____________________

c) ____________________ d) ____________________

____________________ e) ____________________

2) Konjugiert diese Verben im Konjunktiv II: schlafen; sitzen; laufen; sehen.

5 Verbformen im Konjunktiv II

a) Die Konjugation eines starken Verbs

sehen	**Indikativ Präsens**	**Indikativ Präteritum**	**Konjunktiv II**
1.Sg.	ich sehe	ich sah	ich sähe
2.Sg.	du siehst	du sahst	du sähest
3.Sg.	er/sie/es sieht	er/sie/es sah	er/sie/es sähe
1.Pl.	wir sehen	wir sahen	wir sähen
2.Pl.	ihr seht	ihr saht	ihr sähet
3.Pl.	sie sehen	sie sahen	sie sähen

b) Die Konjugation eines schwachen Verbs

spielen	**Indikativ Präsens**	**Indikativ Präteritum**	**Konjunktiv II**
1.Sg.	ich spiele	ich spielte	ich spielte
2.Sg.	du spielst	du spieltest	du spieltest
3.Sg.	er/sie/es spielt	er/sie/es spielte	er/sie/es spielte
1.Pl.	wir spielen	wir spielten	wir spielten
2.Pl.	ihr spielt	ihr spieltet	ihr spieltet
3.Pl.	sie spielen	sie spielten	sie spielten

3) Übt die **Bestimmung der Verbformen**, indem ihr euch gegenseitig abfragt: Jemand nennt die grammatische Bezeichnung einer Verbform, eine Partnerin oder ein Partner muss nun das passende Verb nennen. Ihr könnt dabei die Verben aus den Tabellen oder andere Verben benutzen.

Ein Beispiel: *Wie heißt die 3.Sg. Konj.II von schlafen?* ⟶ *er/sie/es schliefe*

5 Verbformen im Konjunktiv II

c) Die Konjugation des Hilfsverbs „sein“

sein	Indikativ Präsens	Indikativ Präteritum	Konjunktiv II
1.Sg.	ich bin	ich war	ich wäre
2.Sg.	du bist	du warst	du wärest
3.Sg.	er/sie/es ist	er/sie/es war	er/sie/es wäre
1.Pl.	wir sind	wir waren	wir wären
2.Pl.	ihr seid	ihr wart	ihr wäret
3.Pl.	sie sind	sie waren	sie wären

c) Die Konjugation des Hilfsverbs „haben“

haben	Indikativ Präsens	Indikativ Präteritum	Konjunktiv II
1.Sg.	ich habe	ich hatte	ich hätte
2.Sg.	du hast	du hattest	du hättest
3.Sg.	er/sie/es hat	er/sie/es hatte	er/sie/es hätte
1.Pl.	wir haben	wir hatten	wir hätten
2.Pl.	ihr habt	ihr hattet	ihr hättet
3.Pl.	sie haben	sie hatten	sie hätten

4) Übt die Bestimmung solcher Verbformen, indem ihr euch gegenseitig abfragt: Jemand nennt die grammatische Bezeichnung einer Verbform, eine Partnerin oder ein Partner muss nun das passende Verb nennen. Ihr könnt dabei die Verben aus den Tabellen oder andere Verben benutzen.

Konjunktiv ...aber gründlich! – Bestell-Nr. 12 734

Drei Umlaut-Tonnen

Umlaute entstehen, wenn der Konjunktiv II aus **starken Verben** gebildet wird, die im **Indikativ Präteritum** die Vokale „a, o und u" haben. Dabei lautet **„a"** zu „ä" um, **„o"** zu „ö" und **„u"** zu „ü".

Zwei Beispiele:

ziehen (Infinitiv) - ich zog (1.Sg. Indikativ Präteritum) - ***ich zöge*** *(1.Sg Konjunktiv II)*

kommen (Infinitiv) - ich kam (1.Sg. Indikativ Präteritum) - ***ich käme*** *(1.Sg. Konjunktiv II)*

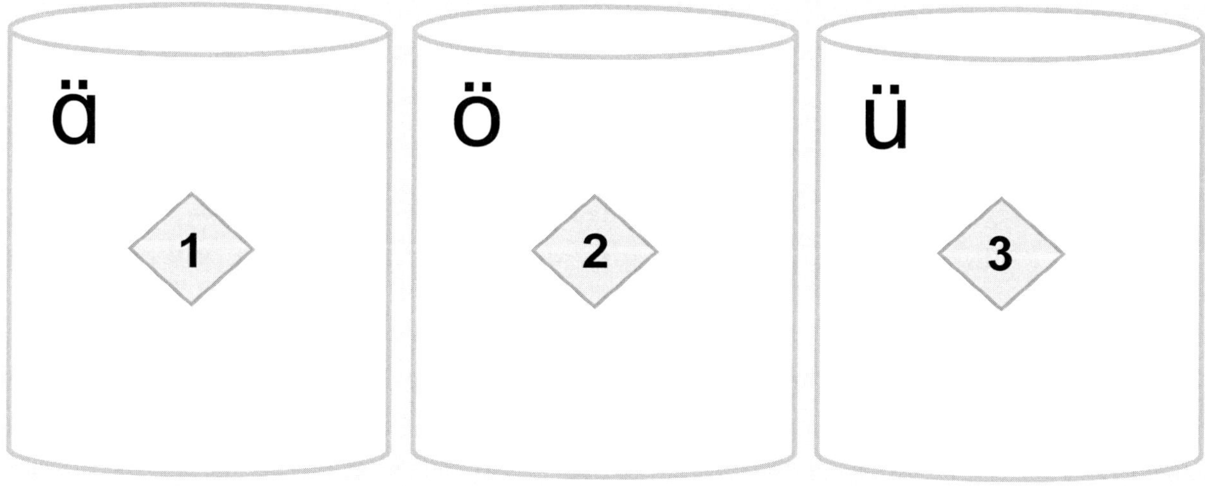

5) Findet heraus, mit welchen Vokalen die folgenden Verben ihre Formen im Konjunktiv II bilden. Schreibt dazu jeweils die erste Person Singular Konjunktiv II der Verben in die passenden Tonnen:

lesen; lügen; sprechen; helfen; tragen; fliegen; fahren; ziehen; schlagen; geben; heben; treffen; bieten

6) Bildet jeweils Satzgefüge, in denen eines der oben notierten Verben im Konjunktiv II vorkommt. Leitet sie mit diesen Verben ein: denken; vermuten; glauben; beteuern; behaupten; annehmen; fürchten.

Ein Beispiel: *Lennard behauptet, es gäbe Außerirdische im Schulgebäude.*

An der Eisdiele

Ayla: *Was nehmt ihr?*
Ole: *Weiß nicht, kann mich noch nicht entscheiden …*
Emma: *Klare Sache, Schoko! - Ach ne, lieber Stracciatella.*
Marlene: *Schade, dass Ricardo nicht hier ist.*
Ole: *Du sollst nicht über Ricardo nachdenken, sondern über Eis.*
Leon: *Sag uns lieber, wofür du dich entscheidest!*
Marlene: *Ricardo bevorzugte Schlumpfeis. Ich nehme selbstverständlich auch Schlumpfeis.*
Alle: *Hä?*

7) Sprecht die Szene mit verteilten Rollen.

Ricardo und das Schlumpfeis

8) Wenn man die Verbform „**bevorzugte**" genau betrachtet, kann der letzte Satz von Marlene zwei unterschiedliche Bedeutungen haben. Tauscht eure Meinungen dazu aus und erklärt, wie der Satz verstanden werden kann.

a) Marlene weiß es, denn es könnte sein, dass sie Ricardo neulich hier in der Eisdiele beobachtet hat.

b) Marlene vermutet es, weil sie Ricardo gut kennt.

9) Lest die Aussagen in den beiden Sprechblasen, zieht sie zur Klärung der beiden Bedeutungen heran und ordnet ihnen die folgenden Sätze zu:

1) Marlene: *Ricardo bevorzugte _____________ Schlumpfeis.*
(hier ein Zeitadverb = Temporaladverb)

2) Marlene: *Ricardo _____________ Schlumpfeis bevorzugen.*
(hier ein Hilfsverb)

10) Bestimmt nun die beiden Verbformen aus dem Gespräch oben, indem ihr grammatische Bezeichnungen benutzt:

a) bevorzugte: _____________________ *b) bevorzugte:* _____________________

Konjunktiv ...aber gründlich! – Bestell-Nr. 12 734

6 „Würde-volle“ Sätze

Rund um den Hund

Frau Kunze: *Ich mache mir Sorgen um meine kleine Flocke. Ich habe Angst, dass ich sie zu lange allein lassen müsste wegen meiner vielen Arzttermine*
Paula: *Aber Frau Kunze, Sie wissen doch: Ich kümmerte mich um Ihren Hund.*

1) Auch in diesem Dialog kann ein Wort zwei verschiedene Bedeutungen haben, je nachdem, welche Verbform ihr darin entdeckt. Erklärt, was gemeint ist.

Wenn schwache Verben „schwächeln“ und starke Verben stören ...

Tatsächlich klingen schwache Verben im Konjunktiv II so wie im Präteritum. Um also deutlich zu machen, dass sich Paula in Zukunft gern um Flocke kümmern möchte, ersetzen wir die ungenaue Verbform durch **„würde + Infinitiv“**. Das klingt dann so: *„Aber Frau Kunze, Sie wissen doch: Ich würde mich um Ihren Hund kümmern.“*

Es ist sinnvoll, den Konjunktiv II durch „***würde* + Infinitiv**“ zu ersetzen, wenn er mit dem Indikativ Präteritum übereinstimmt. Das gilt für alle **schwachen Verben** (*ich lernte; ich putzte* usw.) sowie für die 1. und 3.Pl. der starken Verben, die den Konjunktiv II mit *i* oder *ie (wir schrieben, sie blieben)* bilden, die also ebenfalls mit den Formen des Indikativs Präteritum übereinstimmen.

Die folgenden Sätze zeigen euch, wie gut man Irreales - etwa Wünsche und Vorstellungen - mit „würde+ Infinitiv“ ausdrücken kann:

- *Ich würde gern für dich einkaufen, wenn du einverstanden bist. (statt: Ich kaufte gern für dich ein, wenn ...)*
- *Selbstverständlich würde ich während der Arbeit nicht auf Mehmets Heft blicken.* (*statt: Selbstverständlich blickte ich während der Arbeit nicht auf Mehmets Heft.*)

Außerdem könnt ihr die „würde-Umschreibung“ benutzen, wenn ihr **veraltete und sehr ungewöhnlich klingende Verbformen** im Konjunktiv II ersetzen möchtet:

- *Ich würde dir gern dabei helfen, den Wagen zu reparieren. (statt: Ich hülfe dir gern dabei, ...)*
- *Tom würde gern ans andere Ufer schwimmen. (statt: Tom schwämme gern ans andere Ufer.)*

Drei Begeisterte

Lilly

hat andauernd neue Flausen im Kopf. Sie eröffnete am liebsten einen Klamottenladen und böte gebrauchte Sachen an. Auch Antiquitäten reizten sie. Sie räumte gern Dachböden aus und stellte sich mit dem alten Plunder auf Flohmärkte. Sie restaurierte auch gern Oldtimer, möbelte alte Fahrräder auf und stöberte in Ruinen herum.

Hauke

ginge gern zum Kickboxen, wenn seine Eltern es ihm erlaubten. Aber auch beim Fußball fühlte er sich wohl. Gern probierte er ungewöhnliche Sportarten aus. Paragliding reizte ihn, auch Kitesurfen machte ihm Spaß. Wenn sich sein Freund Mario ebenfalls dafür begeisterte, buchten sie demnächst einen Surfkurs am Dümmer See.

Fabio

spielte gern ein Instrument. E-Gitarre und Schlagzeug gehörten zu seinen Favoriten. Täglich übte er, um irgendwann in einer Rockband zu spielen. Er lernte Noten, eignete sich die Griffe an, probierte coole Riffs aus, verbesserte die Technik und trainierte seine Stimme. Irgendwann träte er dann auf und genösse den Applaus des Publikums. Vielleicht bekäme er eines Tages Standing Ovations und spränge zum Stagediving in die Arme seiner Fans, die ihn auffingen.

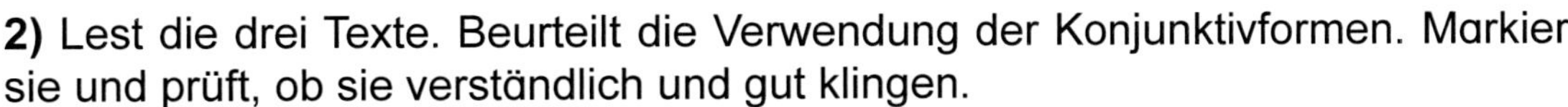

2) Lest die drei Texte. Beurteilt die Verwendung der Konjunktivformen. Markiert sie und prüft, ob sie verständlich und gut klingen.

3) Schreibt einen Text um, indem ihr dort, wo es sinnvoll erscheint, Konjunktivformen durch „***würde+Infinitiv***“ ersetzt.

4) Beurteilt, wie die Texte klingen, wenn sämtliche Konjunktive durch „***würde+Infinitiv***“ ersetzt werden. Hört es euch hier an: **Track 3**
Sprecht darüber, ob das sinnvoll ist oder ob es genügt, nur an einigen Stellen Ersetzungen vorzunehmen.

Konjunktiv ...aber gründlich! – Bestell-Nr. 12 734

Unser Traum vom Schulgarten

Es wäre fantastisch, wenn es uns endlich gelingen würde, einen Schulgarten hinter unserer Sporthalle einzurichten. Hausmeister Kampe würde dann nicht mehr mit dem Aufsitzmäher über die alte Grasfläche kurven, und wir würden Gemüse dort anpflanzen, wo bis jetzt nur Löwenzahn und Gänseblümchen wachsen.
Ich würde zusammen mit Martha und Ayla eine Planungsgruppe gründen. Wir würden Pläne zeichnen und wir würden Vorschläge machen, wo wir Beete anlegen. Wir würden uns Spaten besorgen und erst einmal den Boden umgraben. Bestimmt würde uns die Schule dabei finanziell unterstützen. Frau Lampe würde uns sicher auch dabei helfen, den Boden vorzubereiten. Antonia, deren Mutter in einer Gärtnerei arbeitet, würde sich um die Pflanzen kümmern. Im Frühjahr würden wir Salat pflanzen. Wir würden Radieschen, Kohlrabi, Karotten und Blumenkohl einsähen. Vor den Sommerferien würden wir ein Schulgartenfest veranstalten. Aus eigenem Anbau würden wir dann leckere Speisen anbieten.

Frida

5) Beschreibt die sprachlichen Besonderheiten, die euch in Fridas Text auffallen. Beurteilt ihre Formulierungen.

Bestimmt sind euch die zahlreichen Textstellen mit „**würde+Infinitiv**“ aufgefallen. Man sollte lieber sparsam damit umgehen, da „würde-volle“ Texte nicht gut klingen.

6) Wählt **einen Textabschnitt** und verbessert ihn, indem ihr an einigen Stellen die „würde“-Formulierungen durch den Konjunktiv II ersetzt, an anderen Stellen das „würde“ beibehaltet, aber insgesamt „sparsam“ damit umgeht.

Beachtet: Wenn an einigen Stellen in einem Text bereits deutlich wird, dass es sich um Wünsche, Vorstellungen, Ausgedachtes - also: **Irreales (Unwirkliches)** - handelt, dürfen auch die Konjunktiv-II Formen schwacher Verben benutzt werden, die so klingen wie Formen im Präteritum. Jedem ist beim Lesen klar, dass ein Konjunktiv „gemeint ist“.
Ein Beispiel:
Ich wäre gern ein Clown. Dann brächte ich mein Publikum zum Lachen und ***bereitete*** *den Menschen beste Unterhaltung.*
(Hier darf „bereitete“ benutzt werden, obwohl diese Konjunktiv-II Form mit dem Indikativ Präteritum übereinstimmt.)

7 Freundlich und höflich

Im Bus

Mittags ist der Linienbus, der auch von vielen Schülerinnen und Schülern genutzt wird, meist total überfüllt. An der Haltestelle haben die, die hinten im Gang stehen, große Mühe, an den anderen Fahrgästen vorbei bis zur Tür zu gelangen. Sie versuchen es mit „Körpereinsatz“ und diesen Worten:

Lassen Sie mich durch! – **Klara**

Würden Sie mich bitte vorbeilassen? – **Julian**

Dürfte ich einmal vorbei? – **Ayla**

Entschuldigung, muss da mal durch! – **Mehmet**

Lassen Sie mich bitte durch! – **Leonie**

Ich muss hier raus! – **Fabio**

1) Lest die Sprechblasen, beschreibt und beurteilt, auf welche Weise sich die Schülerinnen und Schüler hier den Weg zur Tür bahnen.

2) Sagt, welche Worte ihr in so einem Fall benutzt.

3) Klärt im Gespräch, welche Rolle der **Gebrauch des Konjunktivs** in dieser Situation spielt.

Wir haben verschiedene Möglichkeiten, eine **Bitte oder einen Wunsch** zu formulieren. Im privaten Bereich benutzen wir meist andere Formulierungen als in der Öffentlichkeit oder im Umgang mit fremden Personen.
Wer während einer Unterrichtsstunde einen Bleistift benötigt, spricht Mitschülerinnen oder Mitschüler vielleicht so an: „*Hast du mal 'nen Bleistift für mich?*“ Hier wird der **Wunsch als Frage** formuliert.
Es geht auch **als Imperativ**: „*Gib mal 'nen Bleistift rüber!*“
So einen „Bleistift-Befehl“ richtet niemand in dieser Form an eine Lehrerin oder einen Lehrer. Dann sagt man eher: „*Darf ich einmal Ihren Bleistift benutzen?*“
Vielleicht fügt man noch ein „bitte“ hinzu oder sagt: „*Könnten Sie mir bitte Ihren Bleistift leihen?*“

Im letzten Fall lässt der **Konjunktiv II des Modalverbs „können“** die Bitte oder die Frage freundlich, vorsichtig und höflich klingen.

Drei Möglichkeiten

Ich verstehe kein einziges Wort!

a

Die höfliche Bitte im Imperativ:

Sprechen Sie bitte etwas lauter!

b

Die Aufforderung als scheinbare Frage mit Modalverb im Konjunktiv II:

Könnten Sie bitte etwas lauter sprechen!

c

Die vorsichtige Frage mit Modalverb im Konjunktiv II:

Dürfte ich sie bitten, etwas lauter zu sprechen?

4) Nennt Situationen, in denen ihr euch für eine der drei Varianten (a, b, c) entscheidet.

5) Verschiedene Betonungen geben den drei Varianten noch mehr Bedeutungen. Hört es euch hier an und klärt, was jeweils gemeint ist: **Track 4**

Julians Bewerbungsschreiben

Sehr geehrte Frau Bender,

mein Besuch auf Ihrem ***Gnadenhof für Wildtierrettung und Kleintiere in Not*** *hat mich so sehr beeindruckt, dass ich am liebsten gleich dort geblieben wäre und geholfen hätte, die Tiere zu versorgen und mich um sie zu kümmern.*

Gern möchte ich demnächst ein Praktikum auf Ihrem Gnadenhof machen. Ich könnte beim Reinigen der Gehege helfen und mich um das Katzenzimmer kümmern. Ich wäre Ihnen auch eine Hilfe bei der regelmäßigen Reinigung der Enten- und Hühnergehege. Liebevoll und gründlich würde ich viele Aufgaben übernehmen. Mit den Hunden ginge ich regelmäßig Gassi und kümmerte mich selbstverständlich um alle ihre Bedürfnisse.
Ich schätze vor allem die familiäre Atmosphäre auf Ihrem Hof und würde mich sehr freuen, wenn ich das Praktikum bei Ihnen antreten dürfte.

Freundliche Grüße
Julian Stuke

6) Beschreibt, wo Julian hier den Konjunktiv benutzt und warum er sich für diese Formulierungen entscheidet. Beurteilt sein Bewerbungsschreiben. Hört es euch dazu auch an: **Track 5**

8 Konjunktiv II – Gedichte

Blütenträume

Ich säße jetzt nicht in der Zelle,
wäre das damals nicht passiert.
Hätte ich nicht auf die Schnelle
so schlechte Blüten fabriziert.

Hätte mein Kumpel, der dämliche Jasper,
die Euros mit „50" statt „40" bedruckt,
hätte sich unser Selfmade-Zaster
niemals als Falschgeld entpuppt.

Verwechslung

Setzte ich sein Basecap auf,
zöge auch seine Sneakers an,
nähme das scheußliche T-Shirt in Kauf
und träfe Emily, Tom oder Jan,
dann hielten die mich hundertpro
für meinen Bruder Mario.

Wer sagt was?

1) Lest beide Gedichte und/oder hört sie euch an: **Track 6.** Stellt dar, wer jeweils spricht und was gesagt wird.

2) Unterstreicht sämtliche Konjunktive und erklärt, warum sie in beiden Gedichten jeweils benutzt werden.

3) Macht aus „Verwechslung" einen Text im Indikativ Präsens (a) oder Präteritum (b). So könnt ihr beginnen: a) *Ich setze gleich sein Basecap auf und …* b) *Neulich setzte ich sein Basecap auf und …*

4) Schreibt einen Zeitungsbericht zu den Ereignissen, die im Gedicht „**Blütenträume**" dargestellt werden. Benutzt eine dieser Schlagzeilen oder gestaltet selbst eine andere:

Dumme Geldfälscher überführt

Mittäter immer noch auf der Flucht

Sorgfalt hätte sich ausgezahlt

Haushohe Niederlage

Wenn Tonio den Stürmer nur einmal deckte
und sich nicht hinter dem Mann versteckte,
wenn Jonas endlich die Bälle ____________
und nicht andauernd zur Freundin ____________,
wenn Emma die Kugel nicht dauernd ____________,
dann käme es anders, ich schwöre,
dann drohte uns kein Fußballbeben
und wir müssten kein 0 zu 8 erleben.

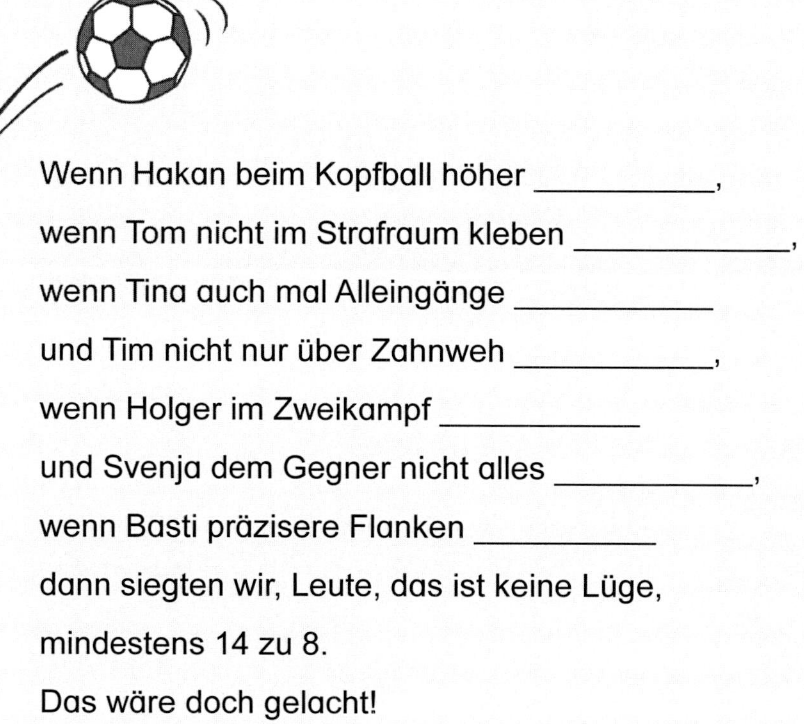

Wenn Hakan beim Kopfball höher ____________,
wenn Tom nicht im Strafraum kleben ____________,
wenn Tina auch mal Alleingänge ____________
und Tim nicht nur über Zahnweh ____________,
wenn Holger im Zweikampf ____________
und Svenja dem Gegner nicht alles ____________,
wenn Basti präzisere Flanken ____________
dann siegten wir, Leute, das ist keine Lüge,
mindestens 14 zu 8.
Das wäre doch gelacht!

5) Ergänzt diesen **Fußballkommentar**, indem ihr die folgen Verben ordnet und die passenden Konjunktiv II-Formen so eintragt, dass jeweils **Reime** entstehen. Die Lösung hört ihr hier: **Track 7**

steigen, wagen, attackieren, schlagen, halten, schielen, servieren, klagen, bleiben, verlieren

6) Schlüpft in die Rollen enttäuschter Zuschauer und tragt das Gedicht klagend vor.

Bens Versteck

Mama will mir kein Haustier erlauben.
Ihr sollt aber bloß nicht glauben,
dass ich darauf verzichte.
O nein, demnächst errichte
ich im Garten ein Gehege.
Darin pflege
ich zwei süße Koalabären,
die sich vermutlich schnell vermehren.

Ich träume,
ich wäre in Australien,
besorgte mir Koalafressalien
und pflanzte Eukalyptusbäume.
Mama würde hastig nach mir suchen,
durchs Gehege rennen. Paps würde fluchen.
Der wäre vermutlich zu Tränen gerührt.
Auch Emilia würde weinen,
sie könnte ja meinen,
die Bären hätten mich entführt.

Ratet, warum mich niemand entdeckt!
Hab‘ mich ______________________ versteckt.

7) Lest das Gedicht und/oder hört es euch an: **Track 8.** Wo könnte sich Ben versteckt haben? Ihr findet es bestimmt heraus und tragt die Lösung auf der Linie ein.

8) Nicht nur Ben, sondern auch der Konjunktiv hat sich in diesem Gedicht versteckt. Findet ihn, indem ihr sämtliche Verbformen im Konjunktiv unterstreicht.

9) Erklärt, warum Ben ausgerechnet in dieser Strophe an vielen Stellen den Konjunktiv gewählt hat. Ein Vers wird euch die Antwort geben.

Konjunktiv ...aber gründlich! – Bestell-Nr. 12 734

9 Verbformen im Konjunktiv I

Sämtlich Verben haben im Konjunktiv I dieselben Endungen wie im Konjunktiv II. Da der **Konjunktiv I aus den Präsensformen der Verben** entsteht, gibt es keine Unterschiede zwischen starken und schwachen Verben:

a) Die Konjugation eines starken Verbs

ziehen	Indikativ Präsens	Konjunktiv I	Endungen
1.Sg.	ich ziehe	ich ziehe	- e
2.Sg.	du ziehst	du ziehest	- est
3.Sg.	er/sie/es zieht	er/sie/es ziehe	- e
1.Pl.	wir ziehen	wir ziehen	- en
2.Pl.	ihr zieht	ihr ziehet	- et
3.Pl.	sie ziehen	sie ziehen	- en

b) Die Konjugation eines schwachen Verbs

lachen	Indikativ Präsens	Konjunktiv I	Endungen
1.Sg.	ich lache	ich lache	- e
2.Sg.	du lachst	du lachest	- est
3.Sg.	er/sie/es lacht	er/sie/es lache	- e
1.Pl.	wir lachen	wir lachen	- en
2.Pl.	ihr lacht	ihr lachet	- et
3.Pl.	sie lachen	sie lachen	- en

1) Übt die **Bestimmung der Verbformen**, indem ihr euch gegenseitig abfragt: Jemand nennt die grammatische Bezeichnung einer Verbform, eine Partnerin oder ein Partner muss nun das passende Verb nennen. Ihr könnt dabei die Verben aus den Tabellen oder andere Verben benutzen.

Ein Beispiel: *Wie heißt die 2.Pl. Konj.I von sehen?* ⟶ *ihr sehet*

9 Verbformen im Konjunktiv I

c) Die Konjugation des Hilfsverbs „sein“

sein	**Indikativ Präsens**	**Konjunktiv I**	**Endungen**
1.Sg.	ich bin	ich sei	-
2.Sg.	du bist	du seiest	- est
3.Sg.	er/sie/es ist	er/sie/es sei	-
1.Pl.	wir sind	wir seien	- en
2.Pl.	ihr seid	ihr seiet	- et
3.Pl.	sie sind	sie seien	- en

c) Die Konjugation des Hilfsverbs "haben"

haben	**Indikativ Präsens**	**Konjunktiv I**	**Endungen**
1.Sg.	ich habe	ich habe	-e
2.Sg.	du hast	du habest	-est
3.Sg.	er/sie/es hat	er/sie/es habe	-e
1.Pl.	wir haben	wir haben	-en
2.Pl.	ihr habt	ihr habet	-et
3.Pl.	sie haben	sie haben	-en

2) Übt auch diese **Verbformen**, indem ihr euch gegenseitig abfragt: Jemand nennt die grammatische Bezeichnung einer Verbform, eine Partnerin oder ein Partner muss nun das passende Verb nennen. Ihr könnt dabei die Verben aus den Tabellen oder andere Verben benutzen.

Ein Beispiel: *Wie heißt die 2.Pl. Konj.I von sein?* ⟶ *ihr seiet*

10 Der Konjunktiv I in der indirekten Rede

Hallo,

manchmal kriegst du Sprachnachrichten aufs Handy, die solltest du besser gar nicht erst abrufen.
Gerade habe ich den Wutanfall von Herrn Wiedemann, unserem Nachbarn, angehört, der sich mal wieder extrem aufgeregt hat:
O-Ton-Wiedemann: „Ich kann den Höllenlärm, der aus eurem Garten dröhnt, nicht länger ertragen. Ständig knallt ein Ball gegen den Basketballkorb. Das Ding ist wohl nur dazu da, friedliche Nachbarn zu tyrannisieren. Ich lasse mir euer Gehopse und Geballere nicht länger gefallen. Dennis, ich verspreche dir: Demnächst macht dein dummer Basketballständer mit meiner Kettensäge Bekanntschaft."
Seitdem fürchte ich um den Ständer und um meine Karriere als Basketballer in der NBA ...

Grüße
Dennis

1) Dennis berichtet hier von einer unangenehmen Sprachnachricht und gibt sie anschließend im Originalton wieder. Wie der Anruf von Herrn Wiedemann klingt, könnt ihr euch hier anhören: **Track 9**

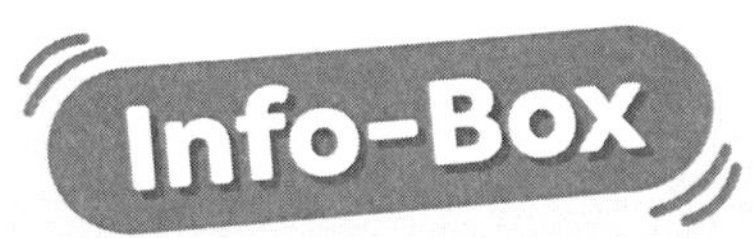

Um wiederzugeben, was Herr Wiedemann hier sagt, hätte Dennis die **indirekte Rede** benutzen können. Mit ihr kann man Äußerungen von Personen sachlich, distanziert und berichtend darstellen. Die Wiedergabe von Äußerungen in der indirekten Rede kann wortgenau und präzise erfolgen, aber auch gekürzt oder zusammenfasst werden. Die indirekte Rede steht übrigens nicht in Anführungszeichen.

Schreibanleitung für die **indirekte Rede:**

1) Wählt zunächst eine **Redeeinleitung**. Es ist ganz gleich, für welche Zeitform ihr euch hier entscheidet. Das hat keinen Einfluss auf die folgende indirekte Rede.

Herr Wiedemann sagt (oder: meint, schimpft ...), ... Herr Wiedemann sagte, ... Herr Wiedemann hat gesagt, ...

2) Ersetzt in der indirekten Rede, wo es nötig ist, die Pronomen. Aus „*eurem Garten*" wird: „*unserem Garten ...*"

3) Setzt die Verben - außer den Infinitiven - in den **Konjunktiv I**. Für diesen Text benötigt ihr nur die Formen der 3. Person Singular mit den passenden Konjunktiv-Endungen.

Besuch im Zoo, Teil 1

Max: *Der Zoo ist Spitzenklasse.*
Gero: *Ich finde es ziemlich langweilig hier. Die Löwen liegen nur träge da und gähnen.*
Lena: *So wie du dich in Mathe rumfläzt, Gero.*
Millie: *Dafür waren die Affen ziemlich lebhaft.*
Kira: *Das Aquarium ist gigantisch.*
Sven-Ulrich: *Ich sehe drüben hinter der Milchglasscheibe die Umrisse eines blauen Kraken mit leuchtend gelben Tentakeln.*
Sören: *Das ist kein Krake, Sven-Ulrich, das ist ein Tierpfleger im Overall mit Gummihandschuhen beim Scheibenputzen.*
Sven-Ulrich: *Jetzt kämpft der Krake mit einem dunkelbraunen Flügelrochen.*
Millie: *Es handelt sich um sein Fensterleder, du Experte!*

2) Lest das Gespräch mit verteilten Rollen.

3) Stellt euch vor: Max berichtet **in der indirekten Rede** von diesem Gespräch. Schreibt den Text und vergleicht eure Ergebnisse mit dem **Vorschlag im Lösungsteil:**
Gestern waren wir im Zoo. Mir hat er sehr gut gefallen. Gero sagte, er finde es …

4) In diesem Gespräch wird an einer Stelle eine **Verbform im Präteritum** benutzt. Wie man damit in der indirekten Rede umgeht, seht ihr hier:

Indirekte Rede beim Bezug auf Vergangenes

wörtliche (direkte) Rede  indirekte Rede

wörtliche (direkte) Rede	indirekte Rede
a) „Ich sah keinen Kraken."	*a) Sie sagt, sie habe keinen Kraken gesehen.*
b) „Ich war schon immer ein Krakenfan."	*b) Er sagt, er sei schon immer ein Krakenfan gewesen.*
c) „Ich hatte Angst vor dem Tier."	*c) Er habe Angst vor dem Tier gehabt.*
d) „Die Fenster wurden gerade gereinigt."	*d) Die Fenster seien gerade gereinigt worden.*

Für sämtliche **Vergangenheitsformen** (Präteritum, Perfekt und Plusquamperfekt) der direkten Rede verwenden wir in der indirekten Rede nur eine Form der Vergangenheit: **das Perfekt.** Es wird immer mit dem Konjunktiv I des Hilfsverb „sein" oder „haben" gebildet.

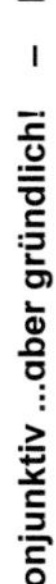

Besuch im Zoo, Teil 2

Max: *Wir könnten ein Quiz veranstalten und Lieblingstiere erraten.*
Lena: *Gute Idee, Max.*
Kira: *Mein Lieblingstier stößt sich mit kleinen Flügelstummeln durchs Wasser. Dabei steuert es mit den Schwimmfüßen und dem kurzen Schwanz.*
Gero: *Das ist leicht, das ist der Pinguin. Mein Lieblingstier gebärt ein Junges, das nur 2 cm lang ist, höchstens ein Gramm wiegt und im Brustbeutel heranwächst.*
Sören: *Das klingt nach Känguru.*
Hans-Magnus: *Was mich im Zoo mit Abstand am meisten beeindruckt, ist ungefähr so groß wie wir und steht ganz allein oben auf der Terrasse vor dem Zookiosk.*
Millie: *Tippe auf einsamen Berglöwen mit Heißhunger.*
Hans-Magnus: *Eiskalt. Es lockt die Zoobesucher schon von weitem mit seinem intensiven Duft an.*
Kira: *Das Stinktier kann ich also ausschließen.*
Hans-Magnus: *Unten aus meinem „Lieblingstier“ kommen ab und zu größere Portionen heraus.*
Lena: *Hört sich nach einem Elefantenbullen mit Magenverstimmung an.*
Hans-Magnus: *Es brummt den ganzen Tag lang, steht ständig unter Strom und verbraucht eine Menge Energie.*
Millie: *Betrunkene Elchkuh in der Brunftzeit?*
Hans-Magnus: *Nein! - Man schraubt es bei der Geburt in einer großen Halle in Asien zusammen.*
Gero: *Das klingt nach moderner Gentechnik!*
Kira: *Jetzt hab ich's: Geklonter Pandabär aus dem Reagenzglas!*
Hans-Magnus: *Unsinn! total coole Popcornmaschine aus Taiwan!*

5) Lest das Gespräch mit verteilten Rollen.

6) Gebt einzelne Textabschnitte zusammen mit einer Partnerin oder einem Partner **in der indirekten Rede** wieder. Notiert eure Ergebnisse und beginnt so:

Max schlug vor, ein Quiz zu veranstalten und Tiere zu erraten. Lena meinte, das sei eine gute Idee. Kira erklärte, ihr Lieblingstier …

Achtung: Ausnahmen!

Das Problem: Nehmen wir an, Lennard kommentiert von der Tribüne ein Basketballspiel. Dabei äußert er diesen Satz: *„Unser Schulteam hat keine Chance, die Gegner bringen zu viele Bälle an den Korb."*

In der **indirekten Rede** klingt das so: *„Lennard meint, unser Schulteam habe keine Chance. Die Gegner bringen zu viele Bälle an den Korb."*

Das Verb *„bringen"* ist hier jedoch nicht als Konjunktiv I zu erkennen, da diese Form - bringen, 3.Pl.Konj.I - identisch ist mit der 3. Pl. Indikativ Präsens des Verbs.

Die Lösung: Um also in der indirekten Rede deutlich zu machen, dass Lennard hier nur seine Meinung zum aktuellen Spiel darstellt und es nicht objektiv beschreibt, **ersetzen** wir die Verbform durch den Konjunktiv II von bringen:

„Lennard meint, unser Schulteam habe keine Chance. Die Gegner ***brächten*** *zu viele Bälle an den Korb."*

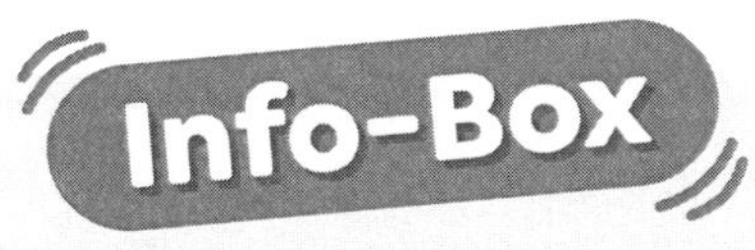

Ersatzformen

Die Regel: Ist der Konjunktiv in der indirekten Rede nicht erkennbar, weil eine Verbform im Konjunktiv I so klingt wie der entsprechende Indikativ - und zwar die 1.Sg. und die 1. und 3.Pl. - , dann verwenden wir das Verb im **Konjunktiv II**, den wir hier als **Ersatzform** betrachten.
Möglich ist es auch, den Konjunktiv durch eine Umschreibung mit „würde + Infinitiv" deutlich zu machen:
„Lennard meint, unser Schulteam hätte keine Chance. Die Gegner würden zu viele Bälle an den Korb bringen."
Bei schwachen Verben ist der „Konjunktiv II-Ersatz" zwar ebenfalls identisch mit dem entsprechenden Indikativ, darf aber verwendet werden, da aus dem Kontext - Zusammenhang - des Textes deutlich wird, dass die Form als Konjunktiv verstanden werden soll.

Wir können die Verbform aber auch durch die „würde+Infinitiv" Umschreibung ersetzen: *Lennard: „Unser Schulteam hat keine Chance, die Gegner spielen zu clever." Lennard meint, unser Schulteam habe keine Chance, die Gegner spielten zu clever.*

Hier klingt die 3.Pl.Konj.II von spielen wie die 3.Pl.Indikativ Präteritum. Also darf es auch heißen: *Lennard meint, unser Schulteam habe keine Chance, die Gegner würden zu clever spielen.*

Konjunktiv ...aber gründlich! – Bestell-Nr. 12 734

Die Bibliothekarin, Teil 1

Lennard erzählt, dass die Besucher in der Bibliothek nicht sprechen dürften und dass auf Kichern und Schwatzen Höchststrafen ständen. Frau Rullkötter, die kleine Bibliothekarin mit der blasslila Dauerwelle und den mausgrauen Knopfaugen, die hinter dem großen Schreibtisch throne, flüstere selbst den ganzen Tag lang, sogar am Telefon. Wenn sie „Leihfrist überzogen!" in den Hörer sprühe, schiebe sie der „Frist" für jeden versäumten Tag ein zischendes „S" mehr ins gedehnte Wort. Manchmal schimpfe sie so laut, dass die Bilderbücher bebten, die Zeitschriften aus den Ständern kippten und sich die Regale bögen.

Lennard vermutet, Frau Rullkötter sei selbst eine Buchgeburt, vor vielen Jahren aus den Seiten geschlüpft wie ein blasses Küken aus dem Ei. Ihre Haut schimmere wie eine vergilbte Buchseite, in ihren Adern flössen Ströme von Druckerschwärze und ihr flinker Zeigefinger rolle sich aus wie eine Reptilzunge, die nach Beute schnappe, wenn sie ein Opfer erwische, um gleich darauf ein langgezogenes „Psssst!" in den Raum zu schießen, so als zischten ein paar Liter staubiger Buchseitenluft aus ihren Lungen.

7) Lest den vorliegenden Text und/oder hört ihn euch hier an: **Track 10**. Beurteilt, ob es Lennard gelungen ist, die Person überzeugend zu charakterisieren.

8) Unterstreicht zunächst sämtliche Verbformen im Konjunktiv.

9) Schlüpft in die Rolle von Lennard, benutzt Verbformen im Indikativ und erzählt aus seiner Sicht von Frau Rullkötter.

10) Nennt die Verben, die als **Ersatzformen im Konjunktiv II** benutzt wurden. Notiert hier jeweils den Infinitiv und die im Text vorliegende Konjunktiv II Form. Beginnt so:

dürfen, dürften; ____________________

____

____

____

11) Erläutert an den einzelnen Verben, warum sie hier als Ersatzformen eingesetzt wurden.

12) Auf der nächsten Seite lest ihr die Fortsetzung zur „Bibliothekarin".

Die Bibliothekarin, Teil 2

Wenn ihr eine Kostprobe wollt, lehnt euch einfach an eines der Regale, lasst eine Kaugummiblase über einer Buchseite platzen oder parkt einen Popel auf einer Stuhllehne. Wenn sie euch aber verschonen soll, benehmt euch so, als wäret ihr in der Hochsicherheitszone eines Kernkraftwerkes oder auf dem Kindergeburtstag der Töchter des Kanzlers.

Mit schwarzem Filzer kritzelt Martha immer neue Vorschriften auf kleine Plakate: das Gebot zum lautlosen Umblättern von Buchseiten, die Vorschrift zum streichelsanften Schließen von Buchdeckeln, das Bücher-Aufeinandertürm-Verbot.

*Ihren gesamten Machtbereich hat sie mit gereimten Merksprüchen tapeziert: „Bücher bringen, Bücher holen – immer nur auf leisen Sohlen!" „Knickst du einmal Eselsohren – bist du ganz und gar verloren!" – „Wer ein Buch nicht gut behandelt, wird in einen Wurm verwandelt!" –
Zugegeben, den letzten Spruch habe ich mir selbst ausgedacht, aber er könnte auch von ihr sein.*

Wenn ihr euren Bücherstapel nach draußen bugsiert habt, ist das Leiden noch nicht vorbei, denn Martha Rullkötter wird euch bis nach Hause verfolgen: Wehe euch, wenn ihr eine Schwarte unterm Bett lagert, mit einem Buch nach zickigen Geschwistern werft oder Fliegen damit totschlagt. Dann wird sich ihr geflüstertes Donnerwetter die ganze Nacht lang in das Geräusch des Windes vor euren Fenstern mischen.

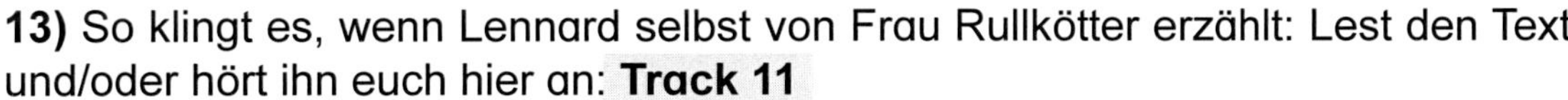

13) So klingt es, wenn Lennard selbst von Frau Rullkötter erzählt: Lest den Text und/oder hört ihn euch hier an: **Track 11**

14) Nehmt euch - vielleicht mit Partnerin oder Partner - einzelne Textabschnitte vor. Wandelt Lennards Darstellung in die indirekte Rede um. Beachtet dabei:

- Redeeinleitungen an wenigen Stellen
- Neue Personalpronomen: aus „ihr" wird „wir"
- den Gebrauch des Konjunktiv I und an manchen Stellen die Ersatzformen im Konjunktiv II oder eine Umschreibung mit „würde + Infinitiv".

15) Schreibt selbst das **Kurzportrait einer freundlichen Mitarbeiterin** der Bibliothek. Stellt es entweder in wörtlicher Rede oder in der indirekten Rede dar.

Konjunktiv ...aber gründlich! – Bestell-Nr. 12 734

Rund um die Redeeinleitung

Die indirekte Rede beginnt normalerweise mit einer **Redeeinleitung**. Sie macht deutlich, dass hier die Aussagen einer bestimmten Person - einer Sprecherin, eines Sprechers - wiedergegeben werden. Bei längeren Texten genügt es, so eine Redeeinleitung an den Beginn eines Abschnitts zu stellen, da ständige Wiederholungen - *Sie sagte, dann sagte sie, danach sagte sie …* - stören.

Ein Beispiel: ***Frau Hoppe sagte**, sie freue sich auf die Nachtwanderung durch den Wald zur Burgruine. Unsere Gruppe dürfe jedoch erst starten, wenn es richtig dunkel sei. Außerdem sei es wichtig, unterwegs keinen Krach zu machen, weil man sonst die Tiere ringsum verschrecke. Taschenlampen sollten wir nur im Notfall benutzen, da der Vollmond in dieser Nacht für gute Beleuchtung sorge. Handys seien selbstverständlich verboten.*

16) Lest den Beispieltext, schlüpft in die Rolle von Frau Hoppe und tragt ihn als direkte (wörtliche) Rede vor.

17) Schreibt auf, wie die Schülerinnen und Schüler auf das, was Frau Hoppe sagt, reagieren, indem ihr das Gespräch:

a) als Dialog mit Wortbeiträgen in direkter (wörtlicher) Rede wiedergebt.
b) diesen Dialog anschließend in der indirekten Rede darstellt.

Mit der **Redeeinleitung** kann man deutlich machen, wie eine Aussage gemeint ist, wie sie gesprochen wird und an wen sie sich richtet.

Verben für **neutrale Redeeinleitungen**: *sagen, erzählen, flüstern, betonen, berichten, hervorheben, meinen, erwähnen, antworten …*

Verben für **kommentierende Redeeinleitungen:** *warnen, schimpfen, schmeicheln, loben, beklagen, zugeben, kritisieren.* Hier dürft ihr selbstverständlich auch Adjektive hinzufügen: *aufgeregt, ärgerlich, freundlich …*

Verben für **Fragen und Aufforderungen in Redeeinleitungen:** *fragen, fordern, sich erkundigen, anregen, sich wünschen, wissen wollen, bitten, befehlen …*

18) Übertragt die folgenden Sätze in die indirekte Rede. Fügt eine Sprecherin/einen Sprecher eurer Wahl hinzu und entscheidet euch für eine passende Redeeinleitung:

„Ich mag sein Lächeln.“; „Ich habe das Gefühl, man belauscht uns.“; „Wo liegt eigentlich Malta?“; „In deinem Text wimmelt es von Fehlern.“; „Ich bin eine begnadete Kitesurferin.“; „Ich fürchte, es wird uns nicht gelingen.“; „Wir schaffen das schon.“; „Gendern nicht vergessen, Leute!“

Fragen, Wünsche, Verbote und Aufforderungen

W-Fragen

W-Fragen, die mit einem **Fragewort** (wer, wann, wo, warum ...) beginnen, sind sehr leicht in die indirekt Rede zu überführen. So erscheint das ursprüngliche **Fragewort nun als Konjunktion,** die den Nebensatz einleitet.

Ein Beispiel: *Leon: „Wann beginnt die Vorstellung?“*

Daraus wird: *Leon fragte, wann die Vorstellung beginne.*

Ja-nein-Fragen (Entscheidungsfragen)

Bei solchen Fragen, auf die man etwa mit „Ja“ oder „Nein“ antworten kann, benutzt man in der indirekten Rede meist ein „***ob***“.

Luna: „Bist du rechtzeitig zur Vorstellung gekommen?“

Daraus wird: *Luna fragt, ob ich rechtzeitig zur Vorstellung gekommen sei.*

Verbote und Aufforderungen

Sie werden in der indirekten Rede meist mit dem Hilfsverb „**sollen**“, „**mögen**“ oder „**dürfen**“ wiedergegeben:

Marlene: *„Geh nicht zu nah an die Felskante!“*
Marlene sagt, ich solle (oder: dürfe) nicht zu nah an die Felskante gehen.

Kia: *„Nimm mir bitte mal die Kiste ab, Mario!“*
Kia bittet Mario, er solle ihr die Kiste abnehmen.

Herr Buck: *„Damit das klar ist: Niemand springt vom Beckenrand!“*
Herr Buck stellt klar, dass niemand vom Beckenrand springen dürfe.

Frau Bender: *„Entschuldigung, lassen Sie mich bitte einmal zum Ausgang durch!“*
Frau Bender bittet freundlich darum, man möge sie einmal zum Ausgang durchlassen.

19) Übertragt das folgende Gespräch in die indirekte Rede:

Ida: Wann pfeift der Schiedsrichter das Spiel endlich an?
Luca: Steht Anton im Tor?
Max: Frag nicht so dumm, du siehst ihn doch!
Mehmet: Spielt Linda auf Linksaußen?
Ida: Seid leise, ich will die Durchsage hören!

11 Tom und das „Ich so-Sie so-Er so-Problem“

Hi Leute,

in jeder Clique gibt es eine Person, die dir unbedingt mitteilen muss, was irgendwelche andere Personen gesagt haben. Gina rief mich gestern Abend an. Sie so: „Warum hast du ausgerechnet Raffael zu deiner Geburtstagsparty eingeladen?“ Ich so: „Woher weißt du das?“ Sie so: „Millie hat's mir erzählt. Und die weiß es von Laura.“ Ich so: „Na und, geht euch gar nichts an.“ Sie so: „Du weißt aber, was wir alle über ihn denken.“ Ich so: „Ist mir piepegal.“ Sie so: „Wir können den Jungen nicht ertragen. Er ist ein hoffnungsloser Nerd, der nicht einmal weiß, wie man Mädchen buchstabiert.“ Ich so: „Du musst ja nicht mit ihm reden.“ Sie so: „Allein sein Anblick regt mich auf.“ Ich so: „Ich finde Raffael sehr interessant. Man kann eine Menge von ihm lernen.“

So, das musste jetzt mal raus!
Grüße
Dennis

1) Was euch Dennis hier mitteilt, zeigt **auffällige Formulierungen**, mit denen er wiedergibt, wie das Gespräch mit Gina verlief. Beschreibt und beurteilt die Darstellungen von Dennis. Nennt Stärken und Schwächen des Textes.

2) Sagt, wie ihr von Gesprächen berichtet und ob ihr dabei auch die „Ich-so-Er-so-Sie-so“-Umschreibung benutzt.

Was ist schon dabei? Jugendliche unterhalten sich nun mal so!

Ayla

Das klingt einfach nur primitiv!

Hakan

Es geht schnell und ist praktisch: Jeder weiß sofort, was gemeint ist.

Emma

Bei kurzen Dialogen geht das noch, aber bei längeren Wortwechseln kann man das nicht ertragen.

Ben

3) Tauscht eure Meinungen zu diesen Kommentaren in den Sprechblasen aus.

Es geht auch anders

a

Gina rief mich gestern Abend an. Sie fragte, warum ich ausgerechnet Raffael zu meiner Geburtstagsparty eingeladen hätte. Ich bat sie, mir zu sagen, woher sie das wisse. Gina meinte, Millie habe es ihr erzählt. Und die wisse es von Laura. Ich antwortete gereizt, ...

b

Gina rief mich gestern Abend an. Sie fragte: „Warum hast du ausgerechnet Raffael zu deiner Geburtstagsparty eingeladen?“ Ich wollte wissen, woher sie das weiß. Sie meinte: „Millie hat's mir erzählt. Und die weiß es von Laura.“ Ich antwortete: ...

4) Vergleicht die beiden Versionen a und b. Beschreibt, wodurch sie sich unterscheiden. Wählt a oder b aus und setzt den Text schriftlich fort.

Während Version a den Text mit korrekten Konjunktiven in der indirekten Rede präsentiert, zeigt Version b immer noch wörtliche Reden, die hier zitiert werden, allerdings nicht mit den „Ich so - Sie so“- Formulierungen, sondern mit angemessenen Redeeinleitungen. Im mündlichen Sprachgebrauch ist es möglich und oft sinnvoll, sich so auszudrücken und dabei den Konjunktiv zu vermeiden.
Eine weitere „**Erleichterung**“ im mündlichen Sprachgebrauch:

Lennard erzählte, dass er seit ein paar Wochen ein neues Hobby hat. Er interessiert sich neuerdings für die Natur- und Tierfotografie. Er sagte, dass man gute Tieraufnahmen in der Natur natürlich nicht mit dem Handy machen kann und dass die Anschaffung einer guten Kamera mit entsprechenden Objektiven sinnvoll ist. Er verriet mir, dass er sich ab und zu die Kamera seiner Mutter ausleiht und damit ins Moor fährt. Stolz erzählte er, dass ihm damit schon wunderbare Bilder gelungen sind.

5) Lest den Beispieltext und erläutert, was hier mit „**Erleichterung**“ gemeint sein könnte.

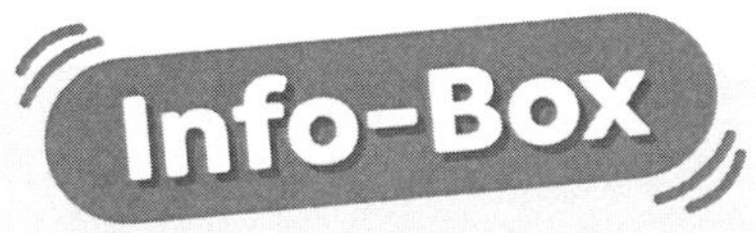

Tatsächlich wird in Alltagsgesprächen, also im **mündlichen Sprachgebrauch**, oft auf den Konjunktiv verzichtet. Besonders in Satzkonstruktionen, in denen Nebensätze mit der **Konjunktion „dass**“ eingeleitet werden, ist das weit verbreitet und selbstverständlich „erlaubt“. Überall dort, wo ihr euch schriftlich äußert und Texte verfasst, solltet ihr jedoch nicht auf den Gebrauch des Konjunktivs verzichten.

12 In der Podcast Redaktion

Das „Heiße Mikro" präsentiert

Seit einem halben Jahr gibt es das „**Heiße Mikro**", einen **Audio-Podcast**, der von einer Redaktionsgruppe produziert wird und von den Schülerinnen und Schülern im Schulnetz abgerufen werden kann. Jede Folge dauert eine Viertelstunde und präsentiert aktuelle Beiträge zu Themen aus dem Schulleben.

Ayla: *Nur noch 7 Tage bis zur nächsten Ausgabe. Welche Audios liegen uns bis jetzt vor?*
Sven: *Da ist der Bericht über die Karnevalsparty ...*
Britta: *Die Party hat vor einem halben Jahr stattgefunden. Das interessiert doch keinen Menschen mehr.*
Hans-Magnus: *Was uns fehlt, ist ein richtiger Knaller.*
Sören: *Ich schlage einen Süßigkeitentestbericht über den Kiosk vor.*
Britta: *Untersuchen wir doch mal dem Kreideklau in der 5c. Da verschwindet nach jeder Deutschstunde ein Dreierpack frischer weißer Tafelkreide, während die Kids in der Sporthalle sind.*
Sven: *Wir stellen jede Woche einen neuen Verdächtigen vor und machen daraus 'ne Krimiserie zum Mitraten.*
Britta: *Frau Blankenhagen, die junge Referendarin, hat ein Tatmotiv: Vorsorge! Die legt sich vielleicht zu Hause einen Kreidevorrat für spätere Berufsjahre an.*
Ulf: *Das ist nicht seriös, Britta. Ein Schulpodcast ist kein Salzstreuer für Gerüchte.*
Ayla: *Was haltet ihr von einem Interview?*
Sven: *Du willst die Blankenhagen zum Thema Kreideklau befragen?*
Ayla: *Ich möchte gern unsere Schulleiterin zu aktuellen pädagogischen Fragen interviewen.*
Alle: *Gute Idee!*

1) Spielt die Szene mit verteilten Rollen.

Das Protokoll

Protokolle werden immer **im Präsens** abgefasst. Mal beschränkt man sie als **Ergebnisprotokoll** auf eine verkürzte Wiedergabe der Beiträge in indirekter Rede. Dabei wird generell der Konjunktiv I verwendet.
Oft sind ausführliche Formen des Protokolls sinnvoll. So zeichnet man beim **Verlaufsprotokoll** manchmal sogar einzelne Wortbeiträge im Wortlaut - hier im Konjunktiv I - nach.

2) Schlüpft in die Rolle von Ayla und schreibt aus ihrer Sicht ein ausführliches **Verlaufsprotokoll der Redaktionssitzung**, um die Mitwirkenden zu informieren, die in jener Sitzung gefehlt haben. So könnt ihr beginnen: *Ich wies zunächst darauf hin, dass uns nur noch 7 Tage bis zur nächsten Ausgabe bleiben würden. Dann fragte ich, welche möglichen Artikel uns bereits vorlägen. Sven ...*

Das Interview mit Frau Schulte

Ayla: *Frau Schulte, was gehört ihrer Meinung nach zum Profil unserer Schule?*

Frau Schulte: *Ich lege sehr viel Wert auf das selbstständige Lernen. An Methodentagen bringen die Kolleginnen und Kollegen den Kindern und Jugendlichen den Umgang mit dem Internet bei.*

Ayla: *Was schätzen Sie dabei besonders?*

Frau Schulte: *Sie zeigen Ihnen, wie man Mindmaps erstellt, sie lassen sie Präsentationen anfertigen und leiten sie dazu an, eigene Facharbeiten zu schreiben.*

Ayla: *Welche Highlights gibt es sonst an der Schule?*

Frau Schulte: *Ich bewundere die Arbeit unserer „Öko-Kids", die Projekte im Naturschutz veranstalten, indem sie etwa Nistkästen anfertigen, Wildtiere versorgen und zu Spenden aufrufen. Dann gibt es unsere wunderbare Theatergruppe und die Big Band, die Aushängeschilder unserer Schule sind.*

Ayla: *Wie stehen Sie zu dem schlechten Abschneiden der deutschen Schüler im internationalen Vergleich?*

Frau Schulte: *Die Fragebögen, mit denen das gemessen wird, erfassen viele Dinge nicht. Ich mag Kinder, die sich sozial engagieren, die für einander da sind. Ich freue mich, dass es bei uns so viele Klassen gibt, in denen Menschen verschiedener Herkunft und Hautfarbe friedlich und freundschaftlich miteinander leben. Das zählt im Leben mehr als die bloßen Zeugnisnoten …*

Leider saß Ayla beim Interview zu nahe an Frau Schultes Aquarium, sodass man im Audio nun das ständige Gluckern und Blubbern der Pumpe hört und die Schulleiterin selbst so leise im Hintergrund spricht, als tauche sie gerade selbst zwischen den Fischen. Die Podcast-Gruppe entscheidet sich für eine Zusammenfassung, die später im Studio aufgenommen wird. Dabei werden die Aussagen von Frau Schulte in der indirekten Rede wiedergegeben.

3) Fertigt diese **Tonaufnahme in der indirekten Rede** an. Gestaltet zunächst den Text und nehmt ihn dann auf. Ihr dürft an einigen Stellen kürzen, ohne die **Grundaussagen der Schulleiterin** zu verfälschen. So könnt ihr beginnen:

Auf die Frage, was zum Profil unserer Schule gehöre, betonte Frau Schulte, dass sie sehr viel Wert auf das selbstständige Lernen lege. Sie wies dabei auf die Methodentage hin, …

Konjunktiv ...aber gründlich! – Bestell-Nr. 12 734

Interview mit dem Hausmeister

4) Selbstverständlich soll auch **Hausmeister Diestelhorst** im Podcast zu Wort kommen. Führt ein **Interview** mit ihm zu einem Thema eurer Wahl. Schreibt es auf, überführt es dann in die indirekte Rede und gestaltet eine **Tonaufnahme**.

Ein Wetterbericht

Da das „Heiße Mikro" am Tag vor dem großen Schulfest gesendet wird, gibt es den aktuellen Wetterbericht. Auch hier wird der Text in der indirekten Rede präsentiert, wobei **die Vorlage** mit den Quellenangaben verwendet wird:

*„**Hier oben im** Norden verwöhnt uns die Sonne den ganzen Tag lang. Am Himmel sind nur schwache Schönwetterwolken zu sehen. In der Südhälfte ziehen dagegen dichte Wolken auf. Im Tagesverlauf ist dort örtlich mit Schauern zu rechnen, in den Mittelgebirgen gibt es heftige Gewitter, auch Starkregen ist nicht ausgeschlossen. Im Schwarzwald und an den Alpen kracht es ab und zu heftig. Nasse Klamotten sind zu erwarten. Wer dort noch keine Gummistiefel besitzt, kauft sich besser welche oder verkriecht sich daheim hinterm Ofen.*
*Bei uns hier oben ist mit Temperaturen zwischen 23 und 28 Grad zu rechnen. Dazu weht ein schwacher Wind aus Südwest." **(Wetterdienst Nord)***

5) Lest den Bericht zunächst vor. Schreibt und sprecht ihn anschließend als **Podcast-Beitrag in der indirekten Rede**. Beginnt vielleicht so:

Zum Schulfestwetter gibt es gute Nachrichten: So verspricht uns der Wetterdienst Nord, die Sonne werde den ganzen Tag lang scheinen, am Himmel seien nur ...

Ein Wetterfrosch

Während viele dem Wetterbericht lauschen, vertraut Biolehrer Kohlhammer lieber Rudi, dem Frosch im Bio-Terrarium. Der Biolehrer berichtet, dass Rudi gerade Sprosse für Sprosse auf der Leiter nach oben klettere und schließlich die letzte Leitersprosse erklimme. Plötzlich aber schwanke der Frosch, blicke zu Boden und trete den Rückweg an. Es sei, als wolle er Sauwetter verkünden. Er blicke sich plötzlich um und es sehe so aus, als suche er da unten seine Partnerin Elsa. Jetzt schnappe er nach einem Regenwurm...

6) Macht aus der Darstellung in der indirekten Rede die **Live-Reportage von Herrn Kohlhammer**, die so klingt, als beobachte er gerade den Wetterfrosch Rudi.

In der Podcast Redaktion

Das „**Heiße Mikro**“ sendet **kuriose Nachrichten**, die man im Netz oder in gedruckten Tageszeitungen findet. Es handelt sich um merkwürdige Ereignisse am Rande des großen Weltgeschehens, oft komisch und immer hörenswert.

7) Lest die **Textvorlagen auf dieser und auf der nächsten Seite**, die im Heißen Mikro in der indirekten Rede präsentiert werden sollen. Wählt eine oder mehrere Kurzberichte aus, gestaltet sie um und macht daraus klingende Beiträge, die ihr für den Audio-Podcast einsprecht. Fügt jeweils die notierte ausgedachte Quelle der Nachricht hinzu.
So könnt ihr - etwa mit dem ersten Text - beginnen:
„Uralte Jeans für 25.000 Dollar gekauft: Wie die San Francisco News berichtet, sei der Firma Levi Strauss & Co eine Arbeitshose aus eigener Produktion so viel wert gewesen …“

Uralte Jeans für 25.000 Dollar gekauft

San Francisco News

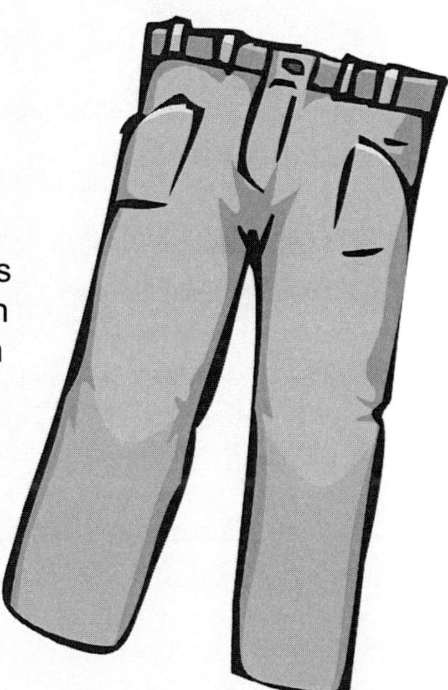

So viel war der Firma Levi Strauss & Co eine Arbeitshose aus eigener Produktion wert, die vermutlich aus dem vergangenen Jahrhundert stammt. Der Aufdruck auf dem Lederetikett am Bund zeigt, dass die Jeans irgendwann zwischen 1886 und 1902 genäht wurde. Es existiert nur noch eine andere Levis aus jener Zeit.
Gefunden wurde die Hose in einem alten Kohlebergwerk in Colorado. Dann landete sie bei einem Trödler in New York. Ihr endgültiger Platz ist nun im firmeneigenen Museum in San Francisco.

Canelo wartet seit Jahren auf totes Herrchen

Spanische Zeitung

Die Treue eines Blindenhundes im südspanischen Cadiz beeindruckt die Menschen ringsum. Sieben Jahre nach dem Tod seines alleinstehenden Herrchens wartet der Vierbeiner nach wie vor jeden Tag vor den Türen eines Krankenhauses auf seinen Besitzer, der damals in dem Hospital an einem Herzinfarkt gestorben war.
Die Anwohner haben den etwa zehnjährigen Rüden wegen seiner Fellfarbe „Canelo“ (zimtfarben) getauft. Canelo hatte sich in den ersten drei Jahren nach dem Tod seines Herrchens nicht vom Fleck gerührt. Ladenbesitzer fütterten den Hund, später fing er an, in der Gegend um das Krankenhaus herumzustreunen. Und immer noch sitzt Canelo vor den Eingang, in dem damals sein Herrchen verschwand.

Hektischer Hirsch im Reformhaus

Tageszeitung

Ein randalierender Hirsch sorgte in einem Cottbuser Reformhaus für Aufregung. Ein Mitarbeiter des Geschäfts teilte der Polizei mit, das Tier im Laden sei hektisch und mache alles kaputt. Polizei und Feuerwehr rückten daraufhin aus und stießen im Flur des Reformhauses auf ein Tier der asiatischen Hirschart „Axis“. Der Hirsch wurde eingefangen und in den Cottbuser Tierpark zurückgebracht. Von dort war das Tier geflohen.

Fauler Zusteller

Wochenblatt

Post im Bett, im Schrank, im Keller: Mehrere 10.000 Briefe hat die Polizei am Wochenende bei einem Postboten in Minden sichergestellt. Zunächst hat der Mann die Post aus Bequemlichkeit nicht zugestellt und in seiner Wohnung gesammelt. Später durchsuchte er die Umschläge nach Bargeld. Als er sein Auto zur Reparatur brachte, flog er auf. Der Mechaniker fand im Kofferraum einen Berg Briefe und rief die Polizei. Diese benötigte zwei Kleintransporter, um die Umschläge abzutransportieren.

Mehr linke als rechte Schuhe an Stränden

Wissenschaft aktuell

An den holländischen Stränden werden mehr linke als rechte Schuhe angespült. In Schottland ist es genau umgekehrt. Das ergab eine Untersuchung von Biologen. Wissenschaftler fanden auf der Nordseeinsel Texel 68 linke und 39 rechte Schuhe. Auf den schottischen Shetlandinseln dagegen sammelten sie 63 linke und 93 rechte Schuhe ein. Mit der Untersuchung wollte der auf Meeresvögel spezialisierte Biologe Mardik Leopold beweisen, dass zwei Gegenstände mit einer unterschiedlichen Form im Meer in verschiedene Richtungen treiben.

8) Recherchiert selbst im Internet oder in Tageszeitungen. Findet interessante Kurzberichte und präsentiert sie als Audio-Beiträge mit verschiedenen Sprecherinnen und Sprechern in der indirekten Rede.

Gegenstandsbereiche: Konjunktiv I und II, indirekte Rede mit verschiedenen Zeitformen, Imperative und Fragen.

Niveau: 

Paula erzählt:

„Ich fürchte mich nicht vor Spinnen. Ich kann Schnecken anfassen und Katzen streicheln. Allerdings habe ich ein gestörtes Verhältnis zu Hunden. Ich weiß nicht, woher das kommt. Es gibt einfach zu viele Hunde auf der Welt. Die Züchter haben es übertrieben. Ständig bietet man in der Zeitung oder im Netz Welpen an. Dabei müssen die Tierheime wegen Überfüllung schließen.

Unser Nachbar besitzt einen angriffslustigen Dobermann. Sein Herrchen lässt Jeronimo, so heißt das Tier, alle Freiheiten. Der Hund rennt Tag und Nacht im Garten herum. Der Briefträger traut sich nicht mehr aufs Grundstück, seitdem ihn Jeronimo böse verbellt hat. Demnächst wird er die Post wohl nur noch in Schutzkleidung ausliefern.

Das Tier bellt schon von weitem, wenn es mich sieht. Ich muss zugeben, ich ärgere den Hund auch manchmal. Als ich neulich das Gartentor erreichte, knurrte ich ihn an und fletschte die Zähne. Da reagierte er besonders böse.

Meine Eltern können meine Hundefurcht nicht verstehen. Sie lieben alles, was bellt und mit dem Schwanz wedelt. Meine Mutter wuchs mit Bella, einer Hündin aus der Tierrettung, auf. Ich muss mir bis heute die Hundegeschichten aus ihrer Kindheit anhören. Immer noch schwärmt meine Mutter von der kleinen Bella. Falls irgendwann wieder ein Hund bei uns einzieht, werde ich ausziehen. Dann müssen sich meine Eltern entscheiden: Tier oder Tochter!“

Aufgabe 1) Übertrage den Text in die indirekte Rede. Benutze als Redeeinleitung: „Paula erzählt, …“.

Bitten, Fragen und Aufforderungen

a) Ben ermahnt mich: „Achte auf den Hund!“

b) Meine Mutter bittet mich: „Bring mir frische Brötchen aus der Stadt mit!“

c) Antonia fragt mich: „Habt ihr gewonnen?“

d) Millie überlegt: „Ist es notwendig, zusammen mit Tom für die Arbeit zu üben?“

Aufgabe 2) Übertrage diese Sätze in die indirekte Rede. Schreibe dabei aus der Sicht der angesprochenen Person.

(Un-)erfüllbare Wünsche

a) Zaubern können – die Sonne scheinen lassen (du)

b) Macht besitzen – den Hunger in der Welt abschaffen (wir)

c) ein Politiker sein – Kindern mehr Rechte geben (ich)

d) einen Garten haben – dir Blumen pflücken (ich)

Aufgabe 3) Bilde „Wenn – dann“- Sätze im Konjunktiv. Benutze das in Klammern angegebene Personalpronomen.

Im Sekretariat

Stell dir vor, du bist im Sekretariat deiner Schule. Du möchtest deiner Schulleiterin ein Buch, das sie dir ausgeliehen hatte, zurückgeben. Da niemand im Büro ist, gibst du das Buch im Sekretariat ab und bittest die Sekretärin, es der Chefin auszuhändigen. Außerdem soll sie dabei etwas von dir ausrichten, Grüße oder eine Bitte vielleicht.

Aufgabe 4) Schreibe hier in wörtlicher Rede auf, was du höflich und freundlich antwortest und erklärst, wenn du von der Sekretärin so angesprochen wirst:
„Ja bitte, was kann ich für dich tun?“

Lösungsblatt

Aufgabe 1)

Paula erzählt, sie fürchte sich nicht vor Spinnen. Sie könne Schnecken anfassen und Katzen streicheln. Allerdings habe sie ein gestörtes Verhältnis zu Hunden. Sie wisse nicht, woher das komme. Es gebe einfach zu viele Hunde auf der Welt. Die Züchter hätten es übertrieben. Ständig biete man in der Zeitung und im Netz Welpen an. Dabei müssten die Tierheime wegen Überfüllung schließen.
Ihr Nachbar besitze einen angriffslustigen Dobermann. Sein Herrchen lasse Jeronimo, so heiße das Tier, alle Freiheiten. Der Hund renne Tag und Nacht im Garten herum. Der Briefträger traue sich nicht mehr aufs Grundstück, seitdem ihn Jeronimo böse verbellt habe. Demnächst werde er die Post wohl nur noch in Schutzkleidung ausliefern.
Das Tier belle schon von weitem, wenn es sie sehe. Sie müsse zugeben, sie ärgere den Hund auch manchmal. Als sie neulich das Gartentor erreicht habe, habe sie ihn angeknurrt und die Zähne gefletscht. Da habe er besonders böse reagiert.
Ihre Eltern könnten ihre Hundefurcht nicht verstehen. Sie würden alles lieben (oder: liebten alles), was belle und mit dem Schwanz wedele. Ihre Mutter sei mit Bella, einer Hündin aus der Tierrettung, aufgewachsen. Sie müsse sich bis heute die Hundegeschichten aus ihrer Kindheit anhören. Immer noch schwärme ihre Mutter von der kleinen Bella. Falls irgendwann wieder ein Hund bei ihnen einziehe, werde sie ausziehen. Dann müssten sich ihre Eltern entscheiden: Tier oder Tochter!“

Aufgabe 2)

a) Ben ermahnt mich, ich solle auf den Hund achten.
b) Meine Mutter bittet mich, ich solle ihr frische Brötchen aus der Stadt mitbringen.
c) Antonia fragt mich, ob wir gewonnen hätten.
d) Millie überlegt, ob es notwendig sei, zusammen mit Tom für die Arbeit zu üben.

Aufgabe 3)

a) Wenn du zaubern könntest, ließest du die Sonne scheinen.
b) Wenn wir die Macht besäßen, schafften (oder: würden) wir den Hunger in der Welt ab (-schaffen).
c) Wenn ich Politiker(in) wäre, gäbe ich Kindern mehr Rechte.
d) Wenn ich einen Garten hätte, pflückte ich dir Blumen (oder: würde ich dir Blumen pflücken).

Aufgabe 4)

Individuelle Lösungen, bei denen auch der Konjunktiv II benutzt wird, werden erwartet.

Konjunktiv ...aber gründlich! – Bestell-Nr. 12 734

Gegenstandsbereiche: Konjunktiv I und II, Wiedergabe eines Gesprächs und eines Gedichts in der indirekten Rede mit Redeeinleitungen, Formulierung eines Wunschsatzes im Konjunktiv II, Darstellung einer Regel zum Thema „Ersatzformen"

Niveau: 

Ein Pausengespräch

Luise: Frau Schulz kann Kopfaufstützen und Schnipsen nicht leiden. Herr Sasse verbietet Popeln. Dabei popelt er selbst.

Emma: Es ärgert mich, dass bei Frau Kramm Kaugummikauen erlaubt ist, während Herr Becker Kaugummis neulich erst verbot.

Ole: Nicht auszuhalten, wie Herr Winter ausrastet, wenn er jemanden beim Trinken während der Stunde erwischt. Kopfaufstützen lässt er durchgehen, solange der Kopf nicht auf den Tisch fällt.

Emma: Frau Mausinger ist alles schnurzpiepegal, da sie sowieso in einem Jahr pensioniert wird.

Paul: Entspannt euch, Leute! Herr Lampe ist gegen alles, kriegt aber nichts mit.

Emma: Frau Siek erwartete neulich, dass sämtliche Stifte, Fineliner und Textmarker griffbereit in der Federmappe vorhanden sind.

Luise: Herr Ellermann weiß gar nicht, was ein Textmarker ist.

Paul: Bei Frau Wellner dürfen keine Bleistifte während der Stunde gespitzt werden.

Emma: Glaubt mir, Schule ist manchmal extrem kompliziert!

Aufgabe 1) Stell dir vor, du warst bei diesem Pausengespräch dabei. Setze es in die indirekte Rede. Arbeite mit Redeeinleitungen, die an drei oder vier Stellen deutlich machen, in welchem Ton und mit welcher Absicht hier gesprochen wurde. So kannst du beginnen: Luise sagte neulich in der Pause, …

Antons Ausrede

Herr Buck,
erwarten Sie nicht, dass man Mathe versteht,
wenn einem eine den Kopf verdreht.
Bei mir passierte es in der Pause.
Die Täterin heißt Corinna Krause.

Ich hoffe, meine Hirnverletzung
gefährdet nicht gleich die Versetzung.
Ansonsten, Herr Buck, weise ich darauf hin,
dass ich diese Woche beschäftigt bin.

Vermutlich mit Küssen.
Ich fürchte,
Mathe
wird warten müssen.

Aufgabe 2) Stell dir vor, Anton hat diese Ausrede zu Beginn der letzten Mathematikstunde gesprochen. Gib sie aus der Sicht einer Mitschülerin oder eines Mitschülers wieder. Setze sie dazu in die indirekte Rede und beginne mit einer passenden Redeeinleitung.

Aufgabe 3) Äußere einen Wunsch und notiere, was geschieht, wenn er in Erfüllung ginge. Schreibe dazu einen „wenn - dann - Satz“ und benutze passende Konjunktiv-Formen.

Aufgabe 4) Erkläre, was Ersatzformen sind und warum es sinnvoll ist, in der indirekten Rede mit ihnen zu arbeiten. Schreibe dazu ganze Sätze.

Konjunktiv ...aber gründlich! – Bestell-Nr. 12 734

Lösungsblatt

Aufgabe 1) Bei den Redeeinleitungen sind Varianten möglich.
Hier ist nur ein Beispiel notiert:

Ein Pausengespräch

Luise sagte neulich in der Pause, Frau Schulz könne Kopfaufstützen und Schnipsen nicht leiden. Herr Sasse verbiete Popeln. Dabei popele er selbst.
Emma meinte daraufhin, es ärgere sie, dass bei Frau Kramm Kaugummikauen erlaubt sei, während Herr Becker Kaugummis neulich erst verboten habe.
Ole stöhnte, es sei nicht auszuhalten, wie Herr Winter ausraste, wenn er jemanden beim Trinken während der Stunde erwische. Kopfaufstützen lasse er durchgehen, solange der Kopf nicht auf den Tisch falle.
Emma entgegnete, Frau Mausinger sei alles schnurzpiepegal, da sie sowieso in einem Jahr pensioniert werde.
Paul forderte, wir sollten uns entspannen. Herr Lampe sei gegen alles, kriege aber nichts mit.
Emma bemerkte, Frau Siek habe neulich erwartet, dass sämtliche Stifte, Fineliner und Textmarker griffbereit in der Federmappe vorhanden seien.
Luise sagte daraufhin, Herr Ellermann wisse gar nicht, was ein Textmarker sei.
Paul wusste, dass bei Frau Wellner keine Bleistifte während der Stunde gespitzt werden dürften.
Emma beendete das Gespräch mit der Bemerkung, man solle ihr glauben, Schule sei manchmal extrem kompliziert.

Aufgabe 2) Anton verlangte von Herrn Buck, er solle nicht erwarten, dass man Mathe verstehe, wenn einem eine den Kopf verdrehe. Bei ihm sei es in der Pause passiert. Die Täterin heiße Corinna Krause. Er hoffe, seine Hirnverletzung gefährde nicht gleich die Versetzung. Ansonsten weise er darauf hin, dass er diese Woche beschäftigt sei, vermutlich mit Küssen. Er fürchte, Mathe werde warten müssen.

Aufgabe 3) **Ein Beispiel:** *Wenn ich zaubern könnte, versorgte ich alle Hungernden auf dieser Welt mit Nahrungsmitteln.*

Aufgabe 4) **Ersatzformen** werden meist in der indirekten Rede benutzt, um Konjunktive zu vermeiden, die so klingen wie die entsprechenden Indikative und daher nicht als Konjunktive erkennbar sind. Das ist der Fall:
a) bei der 1.Sg. Konj.I und der 1. und 3.Pl.Konj.I. In diesen Fällen kann man die Formen im Konj. II benutzen.
b) bei Formen schwacher Verben im Konjunktiv II. Als Ersatzform wird hier etwa die Umschreibung mit „würde + Infinitiv“ empfohlen.

Die Erklärung muss nicht so ausführlich gestaltet werden. Es genügen Beispiele bzw. der Verweis auf a oder b.

Gegenstandsbereiche: Wiedergabe einer wörtlichen Rede in indirekter Rede mit Konjunktiv I und II; Ersatz störender „würde+Infinitiv"- Umschreibungen durch Verbformen im Konjunktiv II

Niveau: 

Unser Kastanienbaum

Tim erzählt: „In unserem Garten steht ein alter Kastanienbaum. Seine Krone ragt weit über unser Hausdach hinaus und sein Stamm ist so dick, dass wir ihn nur umschließen können, wenn sich Mama, Papa und ich die Hände reichen. Im Frühjahr sehen seine unzähligen Blüten aus wie leuchtende Kerzen, im Sommer spendet uns sein dichtes Blätterdach kühlenden Schatten und im Herbst schenkt er uns jede Menge Kastanien, die in ihrer stacheligen Verpackung auf den Boden prasseln.

Im vergangenen Sommer hat mir mein Vater eine Baumbude weit oben im Geäst der Kastanie gebaut. Wenn man in die Bude klettern will, muss man zunächst eine Leiter gegen den Stamm lehnen. Hat man die letzte Sprosse erklommen, sieht man vor sich den Eingang zur Baumbude. Man klappt eine Luke auf und klettert durch den Fußboden in die Bude hinein. Von dort oben aus hat man eine prächtige Sicht über unseren Garten und die Nachbarhäuser hinweg. Leider ist das Budendach ein wenig undicht, sodass es an manchen Tagen durchregnet. Hier müssen wir demnächst mit Teerpappe Abhilfe schaffen."

Aufgabe 1) Gib Tims Darstellung in der indirekten Rede wieder. Ändere dabei auch einige Personalpronomen. Benutze als Redeeinleitung: Tim erzählte ...

Lennard sagt, Frida würde sofort kommen, wenn er sie rufen würde. Sie würde auch für ihn einkaufen. Falls sie unterwegs Marie treffen würde, würde es ein wenig länger dauern."

Aufgabe 2) Schreibe auf, was dir an diesen Formulierungen nicht gefällt. Verbessere anschließend den Text.

Lösungsblatt

Aufgabe 1) Tim erzählt, in ihrem Garten stehe ein alter Kastanienbaum. Seine Krone rage weit über ihr Hausdach hinaus und sein Stamm sei so dick, dass sie ihn nur umschließen könnten, wenn sich seine Mutter, sein Vater und er die Hände reichten. Im Frühjahr sähen seine unzähligen Blüten aus wie leuchtende Kerzen, im Sommer spendete ihnen sein dichtes Blätterdach kühlenden Schatten und im Herbst schenke er ihnen jede Menge Kastanien, die in ihrer stacheligen Verpackung auf den Boden prasselten.

Im vergangenen Sommer habe ihm sein Vater eine Baumbude weit oben im Geäst der Kastanie gebaut. Wenn man in die Bude klettern wolle, müsse man zunächst eine Leiter gegen den Stamm lehnen. Habe man die letzte Sprosse erklommen, sehe man vor sich den Eingang zur Baumbude. Man klappe eine Luke auf und klettere durch den Fußboden in die Bude hinein. Von dort oben aus habe man eine prächtige Sicht über ihren Garten und die Nachbarhäuser hinweg. Leider sei das Budendach ein wenig undicht, sodass es an manchen Tagen durchregne. Hier müssten sie demnächst mit Teerpappe Abhilfe schaffen.

Aufgabe 2) Lennard sagt, Frida komme sofort, wenn er sie rufe. Sie kaufe auch für ihn ein. Falls sie unterwegs Marie treffe, dauere es ein wenig länger.

Kleines "Audio-Extra"

7a im Zoo, 13:30 Uhr

Am Graben pennt ein Pelikan,
ein Affe döst beim Lausen,
ein Löwe hebt den Hintern an,
lässt träge einen sausen.

Ein Flußpferd schnarcht wie Onkel Paul,
selbst Würgeschlangen ratzen,
ein dicker Braunbär wälzt sich faul,
dann leckt er sich die Tatzen.

Ein Walross filzt am Beckenrand,
zuckt sachte mit der Flosse,
drüben dämmern still im Sand
zwei Rhinozerosse.

Ein Pfleger gähnt vorm Herrenklo,
ein Kind reibt sich die Wangen,
am Schreibtisch schläft der
Chef vom Zoo
und träumt von Kassenschlangen.

Nur am Kiosk tanzt der Bär,
da streitet sich Maik mit Sandy.
Die kreischt: „Du Doofmann, gib es her!
Frau Schmidt, der
klaut mein Handy!"

1) Tragt das Gedicht mit verschiedenen Sprecherinnen und Sprechern so vor, dass die Stimmung im Zoo deutlich wird. Selbstverständlich dürft ihr übertreiben.

2) Das Gedicht enthält auch **kritische Aussagen**. Zitiert entsprechende Textstellen und erklärt, was gemeint ist.

3) Hört euch hier an, wie es in der **indirekten Rede** klingt - Anton erzählt, ... - , und **findet drei Fehler: Track 12.** Prüft anschließend die Ergebnisse eurer Fehlersuche mit Blick in den Lösungsteil: Seite 64

15 Die Spiele: Koffer packen!

In diesem anspruchsvollen Kartenspiel für **2 - 4 Personen** zum Thema „Reisen“ geht es um eigenwillige Koffer, viele „Gepäckstücke“ und natürlich um Konjunktive ...

Das Spielmaterial: 12 Kofferkarten , 27 „Gepäckstücke“, eine Lösungskarte

Die Vorbereitung: Die Kofferkarten werden verdeckt in der Mitte gestapelt, die „Gepäckstücke“ - Satzkarten ebenfalls. Eine Person legt die **Lösungskarte** verdeckt zur Seite.

Der Spielverlauf: Der jüngste Spieler nimmt die erste **Kofferkarte** vom Stapel und deckt sie auf. Er liest vor, was auf der Karte steht, nimmt sein erstes Gepäckstück vom Stapel und prüft, ob es in den Koffer passt.
Ein Beispiel: *In diesen Koffer dürfen nur Sätze mit zwei Verben im Konjunktiv I gepackt werden.*
Der Spieler nimmt ein „Gepäckstück“ vom Stapel, schaut nach, ob zwei Verben im Konjunktiv I vorhanden sind, liest den Satz und die „Lösung“ vor. Wenn sie stimmt, darf er die Karte behalten. Das ist hier der Fall: *Emily sagt, sie **esse** gern Gemüse und **verzichte** auf Fleischgerichte.* Passt das "Gepäckstück" nicht, wird es wieder unter den Stapel gelegt. Der Mitspieler setzt das Spiel fort.
Er darf dann ein zweites Gepäckstück vom Stapel nehmen und es - falls es die Bedingung erfüllt - ebenfalls behalten. Nun legt er die Kofferkarte unter den Stapel, und seine rechte Nachbarin/sein rechter Nachbar setzt das Spiel fort.
Gewonnen hat die Person, die schließlich die meisten Gepäckstücke in die Koffer packen konnte.

Viel Spaß beim Kofferpacken!

Die Kofferkarten

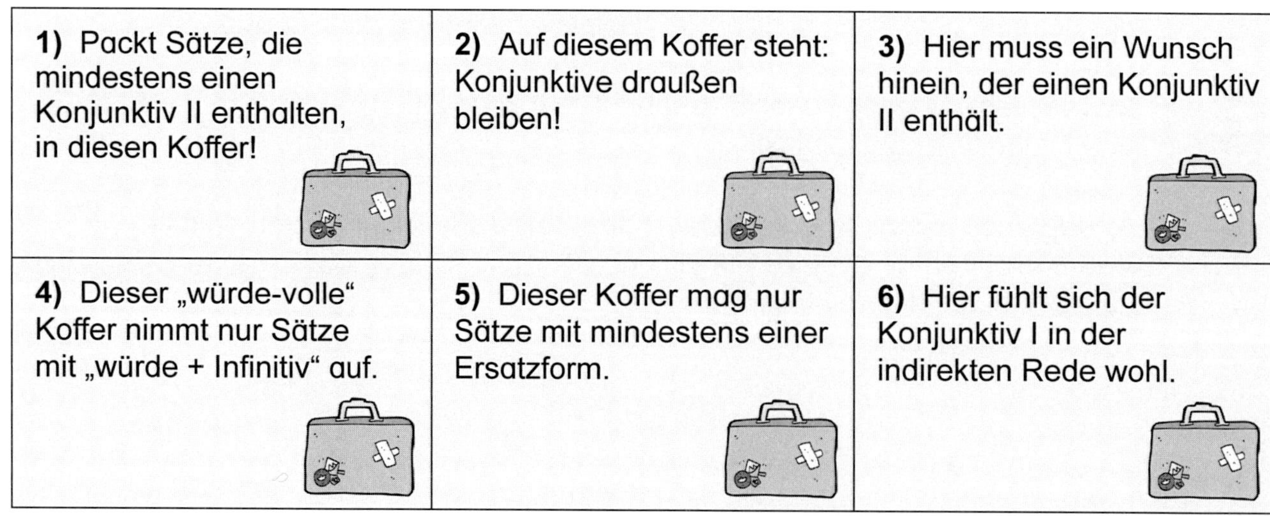

1) Packt Sätze, die mindestens einen Konjunktiv II enthalten, in diesen Koffer!	**2)** Auf diesem Koffer steht: Konjunktive draußen bleiben!	**3)** Hier muss ein Wunsch hinein, der einen Konjunktiv II enthält.
4) Dieser „würde-volle“ Koffer nimmt nur Sätze mit „würde + Infinitiv“ auf.	**5)** Dieser Koffer mag nur Sätze mit mindestens einer Ersatzform.	**6)** Hier fühlt sich der Konjunktiv I in der indirekten Rede wohl.

Die Spiele: Koffer packen!

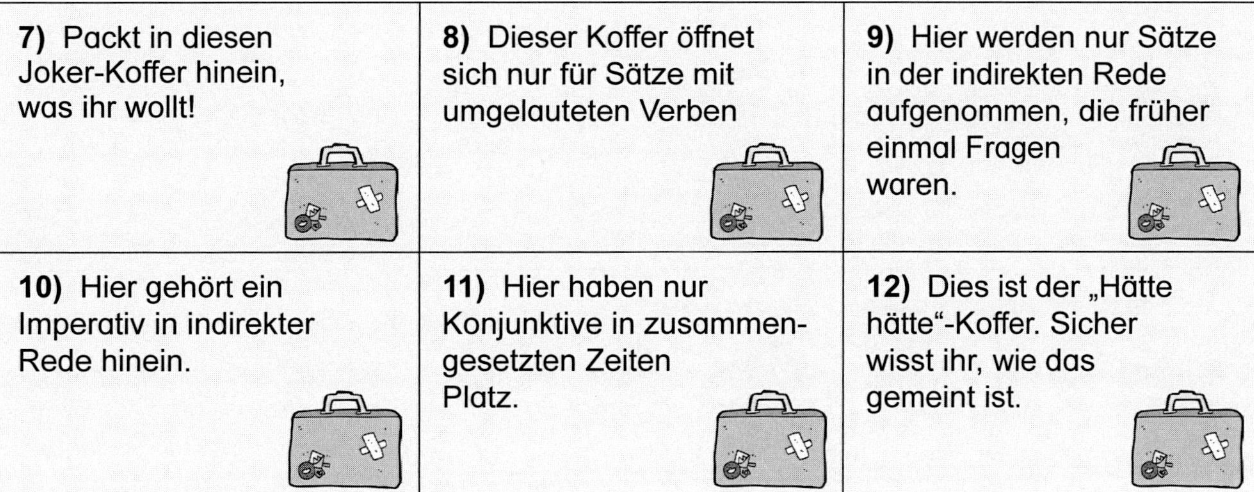

7) Packt in diesen Joker-Koffer hinein, was ihr wollt!	**8)** Dieser Koffer öffnet sich nur für Sätze mit umgelauteten Verben	**9)** Hier werden nur Sätze in der indirekten Rede aufgenommen, die früher einmal Fragen waren.
10) Hier gehört ein Imperativ in indirekter Rede hinein.	**11)** Hier haben nur Konjunktive in zusammengesetzten Zeiten Platz.	**12)** Dies ist der „Hätte hätte"-Koffer. Sicher wisst ihr, wie das gemeint ist.

Das Reisegepäck

***A)** Tom erzählt, er habe neulich Kraniche gesehen.*	***B)** Ich mag dich, weil ich mich immer auf dich verlassen kann.*	***C)** Lennard zöge gern in eine Großstadt, während seine Schwester am liebsten hier auf dem Dorf wohnen bliebe.*
***D)** Lennard möchte wissen, ob er bei uns mitfahren dürfe.*	***E)** Tim verlangt, ich solle ihm bei der Klettertour bis auf den Gipfel folgen.*	***F)** Mario würde die Fahrt gern fortsetzen, doch ich stiege am liebsten hier aus.*
***G)** Paolo sagt, seine Eltern flögen demnächst nach Südamerika.*	***H)** Mein Freund meint, wir würden das Jugendheim in einer Stunde erreichen.*	***I)** Ich könnte auch ohne Konjunktive leben und hätte dann meine Ruhe.*
***J)** Du erzähltest mir, dass du dich vor Spinnen und Ameisen fürchtest.*	***K)** Murat möchte wissen, ob für heute eine Klassenarbeit vorgesehen sei.*	***L)** Karim und Martha schwärmen übrigens für Fantasy-Romane.*

KOHL VERLAG Konjunktiv ...aber gründlich! – Bestell-Nr. 12 734

Die Spiele: Koffer packen!

M) *Ich würde am liebsten ein Liebesgedicht schreiben.*	***N)*** *Ich bliebe am liebsten im Bett und schliefe noch ein Stündchen weiter.*	***O)*** *Paula sagt, sie kämen etwas später zu unserer Verabredung.*
P) *Tim beichtete, er habe das Klassenbuch in der Sporthalle vergessen.*	***Q)*** *Frau Bender verlangt von mir, ich solle die Tafel putzen.*	***R)*** *Hätte ich ein Mountain-bike, dann würde ich dich auf der Bergtour begleiten.*
S) *Luise schwärmt von den Vögeln, die sie im Wattenmeer beobachtet hat.*	***T)*** *Unsere Freunde erzählten, sie seien auf dem Weg hierher in eine Verkehrskontrolle geraten.*	***U)*** *Benni und Linus erklären stolz, sie schöben den Wagen ohne Mühe in die Garage.*
V) *Majas Hoodie stände mir auch gut.*	***W)*** *Lenni berichtet, er habe gestern einen Eisvogel am Teich beobachtet.*	***X)*** *Wenn du mich mitnähmest, würde ich dich begleiten.*
Y) *Er bestimmt, mein Hund müsse draußen bleiben.*	***Z)*** *Verschwindet, aber schnell!*	***ZA)*** *Wenn ich nach draußen ginge, zöge ich mich warm an.*

Bitte hier abtrennen!

Lösungen/Zuordnungen

In **Koffer Nr. 7** passen sämtliche Gepäckstücke. **A: 11, 6; B: 2; C: 1,3,8; D: 9,8; E: 10,6; F: 4,3,1; G: 8,1,5; H: 4,5; I: 3,1,12,8; J: 2; K: 9,6; L: 2; M: 4,3; N: 1,2; O: 1,5; P: 6,11; Q: 10,6; R: 12,4,3; S: 2; T: 6,11; U: 8,5,1; V: 1,3,8; W: 11,6; X: 1,4,5,8; X: 1,4,5,8; Y: 6,8,10; Z: 2; ZA: 1,8**

★★ Das Spiel

Ein **BINGO**! -Spielplan besteht aus einer Karte mit 16 Feldern, auf denen die grammatischen Bezeichnungen von Verbformen notiert sind. Beliebig viele Mitspieler erhalten für eine Spielrunde jeweils eine **Bingokarte** - auch als Kopie -.
Bei jeder „Bingoziehung" werden von der Spielleiterin oder dem Spielleiter nacheinander 15 einzelne Wörter genannt. Die Mitspieler prüfen bei jedem Wort, zu welchem der Felder auf ihrer Bingokarte es passt. Wenn sie das passende Feld ermittelt haben, decken sie es mit einem Kärtchen ab oder streichen es durch.
Stimmen vier Felder in waagerechter, senkrechter oder diagonaler Reihe mit den genannten Wörtern überein, ruft der Mitspieler „**Bingo**" und gewinnt damit die Spielrunde. Falls ein Wort auf zwei oder sogar mehr Felder passt, entscheidet der Mitspieler, wo das Kärtchen abgelegt oder das Kreuz gezeichnet wird. **Das Jokerfeld** kann die Bingoreihe vervollständigen.

Karte I

I_1	I_2	I_3	I_4
3. Pl. Konj. II	***2. Sg. Konj. I***	***Infinitiv***	***Schwaches Verb***
I_5 ***1. Pl. Konj. II***	I_6 ***Modalverb***	I_7 ***1. Sg. Indikativ Präteritum***	I_8 ***Starkes Verb***
I_9 ***2. Pl. Indikativ Perfekt***	I_{10} ***1. Sg. Konj. II Umlaut***		I_{11} ***Ersatzform***
I_{12} ***3. Pl. Indikativ Präsens***	I_{13} ***2. Pl. Konj. I***	I_{14} ***2. Sg. Konj. II***	I_{15} ***Imperativ***

KOHL VERLAG Konjunktiv ...aber gründlich! – Bestell-Nr. 12 734

Karte II

II_1 Imperativ	II_2 1. Sg. Konj. II Umlaut	II_3 Infinitiv	II_4 1. Pl. Konj. II
II_5 2. Pl. Konj. I	II_6 2. Sg. Konj. I	II_7 Ersatzform	II_8 Modalverb
II_9 3. Pl. Indikativ Präsens	II_{10} 3. Pl. Konj. II	II_{11} starkes Verb	II_{12} 2. Sg. Konj. II
II_{13} 3. Pl. Indikativ Präsens	II_{14} 2. Pl. Konj. I	II_{15} 2. Sg. Konj. II	

Bitte hier abtrennen!

— — — — — — — — — — — — — — — — — — — —

Die Wortkärtchen:

Beim Vorlesen sollte jedes Wort zwei Mal gelesen und anschließend eine Sprechpause gemacht werden. Weitere Wortkärtchen findet ihr auf der nächsten Seite.

wir dächten	sie zögen	können	schreib	sollen	du kaufest
du legst	ich trug	wir würden lachen	ich führe	ihr habt gedacht	wir schreiben
ihr leset	du schreibest	dürfen			

Karte III

III_{1} 1. Pl. Konj. II	III_{2} 2. Pl. Konj. I	III_{3} Modalverb	III_{4} starkes Verb
III_{5} 2. Sg. Konj. II		III_{6} 1. Sg. Indikativ Präteritum	III_{7} 3. Pl. Konj. II
III_{8} Infinitiv	III_{9} 2. Sg. Konj. I	III_{10} Imperativ	III_{11} schwaches Verb
III_{12} Ersatzform	III_{13} 3. Pl. Indikativ Präsens	III_{14} 1. Sg. Konj. II Umlaut	III_{15} 2. Pl. Indikativ Perfekt

Bitte hier abtrennen!

entdecken	wir hielten	dürfen	ihr leset	ihr habt gespielt	er würde stellen
du träfest	ich nähme	sie gehen	schieben	stellen	ich hob
du zielest	sie tränken	hör auf			

Beim Vorlesen sollte jedes Wort zwei Mal gelesen und anschließend eine Sprechpause gemacht werden.

Die Vorbereitung und der Spielverlauf

Dieses Spiel sorgt für Überraschungen und Heiterkeit, da hier komische, merkwürdige, aber auch sinnvolle „wenn–dann"-Sätze durch **zufällige Satzkombinationen** entstehen, indem ein Mitspieler den ersten Halbsatz – „Wenn ich ..." - ausspricht und ein zweiter Mitspieler mit einem zufällig gezogenen zweiten Halbsatz – „... dann" – antwortet.

Dazu werden die "Wenn ich ..." Karten und die „... dann"-Karten in der Mitte verdeckt gestapelt. Der älteste Mitspieler beginnt, nimmt eine Karte vom „Wenn ich ..." - Stapel, liest sie – korrekt **mit passenden Konjunktiven** - vor und wendet sich damit an seine Nachbarin oder seinen Nachbarn auf der linken Seite. Diese Person nimmt eine „... dann" – Karte vom Stapel, liest sie ebenfalls als korrekte Antwort **mit Verbformen im Konjunktiv** vor. Beide dürfen bei richtigen Wenn-dann-Sätzen ihre Karten behalten. Bei falschen Aussagen werden die Karten unter die Stapel zurückgelegt.

1) ***"Wenn ich" - Karte*** *dir einen Blumenstrauß schenken*	**2)** ***"Wenn ich" - Karte*** *dir ein Lied singen*	**3)** ***"Wenn ich" - Karte*** *dich zum Eisessen einladen*
4) ***"Wenn ich" - Karte*** *deine Hausaufgaben für dich erledigen*	**5)** ***"Wenn ich" - Karte*** *dir meine wahren Gefühle für dich mitteilen*	**6)** ***"Wenn ich" - Karte*** *dich umarmen*
7) ***"Wenn ich" - Karte*** *nicht mehr von deiner Seite weichen*	**8)** ***"Wenn ich" - Karte*** *neben dir Platz nehmen*	**9)** ***"Wenn ich" - Karte*** *dir einen Kuchen backen*
10) ***"Wenn ich" - Karte*** *dich zu einer Weltreise einladen*	**11)** ***"Wenn ich" - Karte*** *dich zufällig in der Stadt treffen*	**12)** ***"Wenn ich" - Karte*** *mir dir Achterbahn fahren*

Die "dann" - Karten

1) "...dann" - Karte	2) "...dann" - Karte	3) "...dann" - Karte
die Flucht ergreifen	mich vor dir verstecken	dir um den Hals fallen
4) "...dann" - Karte	**5) "...dann" - Karte**	**6) "...dann" - Karte**
dich auslachen	dir ein Tattoo stechen	einen Arzt rufen
7) "...dann" - Karte	**8) "...dann" - Karte**	**9) "...dann" - Karte**
mit dir schimpfen	dich bei der Polizei anzeigen	dich in die Wüste schicken
10) "...dann" - Karte	**11) "...dann" - Karte**	**12) "...dann" - Karte**
ein Träne für dich vergießen	auf der Stelle einschlafen	dich kräftig durchschütteln

Lösungsvorschläge

2: Klara, Konjunktiv und Fahrradkette

1) Klara ist sehr unsicher im Gebrauch des Konjunktivs. Sie hätte gern Grammatik-Medizin, um Kai mit ihrem korrekten Text zu beeindrucken.
2) Unsicherheiten werden deutlich bei den Verben im Konjunktiv II. Die Umlaute sind z. T. falsch
3) Die korrekten Formen lauten: besäße, nähm', schriebe, gäbe, käme, schwärmte, riefe.
4) Sie will sagen, dass es müßig sei – oder: Zeitverschwendung sei - , darüber nachzudenken, da die Wünsche unerfüllbar sind.
5) Diese Sprechblasen enthalten die korrekte Bedeutung: a, d, e und durchaus auch: c und g.
8) a: Zauberstäbe, b: Hochsee-Fähre, Millionäre; c: Vogelschwinge, bunte Ringe; d: Angelschnüre, Liebesschwüre; e: Nordseeküste, Baugerüste; f: Sportgelände, Lebensende; g: Schweizer Käse, Pekinese; h: Liebesbriefe, große Tiefe; i: große Liebe, Taschendiebe

3: Der Konjunktiv II, ein seltener Vogel

1) Das Gleichnis vom seltenen Vogel soll deutlich machen, dass der Konjunktiv II in unserem Sprachgebrauch nur dann vorkommt, wenn es um irreale – unwirkliche – Dinge geht, wenn Wünsche, Fantasien, unwirkliche Bedingungen und Vergleiche, aber auch höfliche Bitten ausgesprochen werden. Vier Eigenschaften: seltener Gebrauch, Auftreten nur bei Verben, oft an Umlauten erkennbar, oft mit „würde“ umschrieben
2) Satz a: Imperativ, Satz b: Indikativ, Satz c: Konjunktiv
3) Satz a: 2; Satz b: 4; Satz c: 5; Satz d: 3; Satz e: 1

5: Verbformen im Konjunktiv II

1) b: zögest, ziehen, 2.Sg.Konj.II; c: äße, essen, 3.Sg.Konj.II; erführe, erfahren, 3.Sg.Konj.II; d: sprächet, sprechen, 2.Pl.Konj.II; wüsstet, wissen, 2.Pl.Konj.II; e: ginge, gehen, 1.Sg.Konj.II
2) Hier nur die 1.Sg.Konj.II der notierten Verben: ich schliefe, ich säße, ich liefe, ich sähe
5) Tonne ä: lesen, ich läse; sprechen, ich spräche, helfen, ich hälfe; geben, ich gäbe; treffen, ich träfe; Tonne ö: lügen, ich löge, ziehen, ich zöge, fliegen, ich flöge, heben, ich höbe, bieten, ich böte; Tonne ü: tragen, ich trüge, fahren, ich führe, schlagen, ich schlüge,
8) Der Satz kann als Aussage über ein Ereignis in der Vergangenheit verstanden werden, als ob Ricardo früher einmal Schlumpfeis bevorzugt habe. Er kann auch i.S. einer Vermutung verstanden werden: Ricardo würde Schlumpfeis bevorzugen.
9) Zu a: Satz 1 könnte dann lauten: Ricardo bevorzugte neulich Schlumpfeis. Zu b: Satz 2 lautet dann: Ricardo würde Schlumpfeis bevorzugen.
10) a: 3.Sg.Indikativ Präteritum, b: 3.Sg.Konj II

6: „Würde-volle“ Sätze

1) Es geht um das Verb „kümmerte“: Paula sagt damit vielleicht, dass sie sich bereits um den Hund gekümmert hat. Dann handelt es sich um die 1.Sg.Indikativ Präteritum. Vielleicht möchte sie damit sagen, dass sie sich gern um den Hund kümmern würde, wenn Frau Kunze zum Arzt gehen müsste. Dann handelt es sich um die 1.Sg.Konj.II
2) Viele Verbformen klingen wie Formen im Indikativ Präteritum, da es sich meist um schwache Verben handelt. Die Texte über Lilly und Hauke vermitteln durch Adverbien wie „gern, andauernd, demnächst ...“ den Eindruck, es handele sich bei den Verben um Konjunktive. Was hier über Fabio gesagt wird, könnte auch dessen Vergangenheit betreffen.
3)An einigen Stellen kann das Verb - besonders im Text zu Fabio - durch „würde+ Infinitiv“ ersetzt werden.
4) Man sollte mit den Ersatzformen sparsam umgehen und sie nicht zu oft verwenden.

5) Der Text klingt nicht gut, da die vielen Wiederholungen stören. Hier wird zu oft die Umschreibung mit „würde + Infinitiv“ benutzt.
6) Unser Traum vom Schulgarten. Es wäre fantastisch, wenn es uns endlich gelänge, einen Schulgarten hinter unserer Sporthalle einzurichten. Hausmeister Kampe kurvte dann nicht mehr mit dem Aufsitzmäher über die alte Grasfläche, und wir pflanzten Gemüse dort an, wo bis jetzt nur Löwenzahn und Gänseblümchen wachsen. Ich würde zusammen mit Martha und Ayla eine Planungsgruppe gründen. Wir zeichneten Pläne und machten Vorschläge, wo wir Beete anlegen. Wir würden uns Spaten besorgen und erst einmal den Boden umgraben. Bestimmt unterstützte uns die Schule dabei finanziell. Frau Lampe würde uns sicher auch dabei helfen, den Boden vorzubereiten. Antonia, deren Mutter in einer Gärtnerei arbeitet, kümmerte sich um die Pflanzen. Im Frühjahr pflanzten wir Salat. Wir würden Radieschen, Kohlrabi, Karotten und Blumenkohl einsähen. Vor den Sommerferien würden wir ein Schulgartenfest veranstalten. Aus eigenem Anbau böten wir dann leckere Speisen an.

7: Freundlich und höflich

1) Klara spricht sehr unfreundlich. Ihr Satz klingt wie ein Befehl. Julians Bitte wird sehr höflich und freundlich vorgetragen. Ebenso freundlich und höflich klingt Aylas Frage. Das gilt auch für Leonie, während Mehmet und Fabio mit dem „muss“ sehr rabiat nur auf die Dringlichkeit hinweisen.
3) Der Konjunktiv, wie ihn Julian und Ayla benutzen, ist hier eine angemessene Ausdrucksweise.
5) Im Audio wird deutlich, dass die höfliche Bitte im Imperativ auch wie ein strenger Befehl klingen kann. Die Aufforderung (b) und die vorsichtige Frage (c) können auch ironisch klingen, wie das Audio zeigt.
6) Im ersten Textabschnitt zeigt er mit den Konjunktiven, dass es sich um einen sehnlichen Wunsch handelt. Im zweiten Textabschnitt zeigen die Konjunktive, dass dies alles noch nicht wirklich stattfindet, sondern möglich ist. Es handelt sich also um Julians Vorstellung. In einem Bewerbungsschreiben ist dieser Konjunktiv-Gebrauch möglich und sinnvoll.

8: Konjunktiv II - Gedichte

1) In „Blütenträume“ spricht ein verurteilter Krimineller, der wegen Geldfälschung überführt wurde, weil sein Komplize 40-Euro-Scheine statt 50-Euro-Scheine druckte. In „Verwechslung“ spricht ein Junge, der seinem Bruder Mario so ähnlich sieht, dass man ihn bei gleicher Kleidung mit Mario verwechseln würde.

2) Die Konjunktive in „Blütenträume“: säße, wäre, hätte. Hier werden die Konjunktive - Verben im Konjunktiv II - in einem „Wenn-dann-Satz“ benutzt, weil sie eine Möglichkeit und kein wirkliches Geschehen ausdrücken. In „Verwechslung“ findet sich ebenfalls eine „Wenn-dann-Vorstellung“ mit den Verben: setzte, zöge, nähme, träfe, hielten - alle im Konjunktiv II.
5) Die Verben werden in dieser Reihenfolge in den Versen eingesetzt: hielte, schielte, verlöre, stiege, bliebe, wagte, klagte, attackierte, servierte, schlüge
7) Ben könnte sich im Beutel eines Koalabären versteckt haben.
8) Diese Verben zeigen den Konjunktiv: wäre, besorgte, pflanzte, würde, wäre, könnte
9) Der erste Vers verrät, warum der Konjunktiv gewählt wurde. Nicht die Wirklichkeit wird dargestellt, alles ist nur ein Traum.

10: Der Konjunktiv I in der indirekten Rede

3) Gestern waren wir im Zoo. Das war Spitzenklasse. Gero sagte, er finde es langweilig dort. Die Löwen lägen nur träge da und gähnten. Lena meinte, das sehe so aus wie bei ihm, wenn er sich in Mathe rumfläze. Millie fand, die Affen seien sehr lebhaft gewesen, und Kira schwärmte, das Aquarium sei gigantisch.

Sven-Ulrich bildete sich ein, er sehe hinter der Milchglasscheibe die Umrisse eines blauen Kraken mit leuchtend gelben Tentakeln. Sören widersprach, das sei kein Krake, sondern ein Tierpfleger im Overall mit Gummihandschuhen beim Scheibenputzen. Sven Ulrich entgegnete, gerade kämpfe der Krake mit einem dunkelbraunen Flügelrochen. Millie bezeichnete ihn ironisch als „Experten" und klärte ihn auf, dass es sich um ein Fensterleder handele.
4) Das ist hier der Fall: Millie fand, die Affen seien sehr lebhaft gewesen ...
6) So könnte die Lösung (hier verkürzt) lauten: Max schlug vor, ein Quiz zu veranstalten und Tiere zu erraten. Lena meinte, das sei eine gute Idee. Kira erklärte, ihr Lieblingstier stoße sich ... Dabei steuere es ... Gero antwortete, das sei ..., das sei ... Sein Lieblingstier gebäre ... wiege ... heranwachse. Sören sagte, das klinge ... Hans-Magnus meinte, ... beeindrucke, sei ... und stehe ... Millie entgegnete, sie tippe ... Hans-Magnus nannte das „eiskalt"... Es locke Kira sagte, sie könne ... unten aus seinem Lieblingstier kämen ... das höre sich an ... es brumme, stehe und verbrauche ... man schraube es ... Gero sagte, das klinge ... Kira tippte auf ..., Hans-Magnus meinte schließlich, das sei ...
8) Die Verbformen im Konjunktiv: dürften, ständen, throne, flüstere, sprühe, schiebe, schimpfe, bebten, kippten bögen, sei, schimmere, flössen, rolle, schnappe, erwische, strömten
10) dürfen, dürften; stehen, ständen; beben, bebten; kippen, kippten; biegen, bögen; fließen, flössen; zischen, zischten
11) Es handelt sich um Verben in der 3.Pl. Der Konjunktiv I ist in dieser Form identisch mit dem Indikativ. Daher wird diese Verbform gefordert.
14) Eine mögliche Lösung: Lennard sagte, wenn wir eine Kostprobe wollten, sollten wir uns einfach an eines der Regale lehnen, eine Kaugummiblase über einer Buchseite platzen lassen oder einen Popel auf einer Stuhllehne parken. Wenn sie uns aber verschonen solle, sollten wir uns so benehmen, als wären wir in der Hochsicherheitszone eines Kernkraftwerkes oder auf dem Kindergeburtstag der Töchter des Kanzlers. Er fügte hinzu, dass Martha mit schwarzem Filzer immer neue Vorschriften auf kleine Plakate kritzele: das Gebot zum lautlosen Umblättern von Buchseiten, die Vorschrift zum streichelsanften Schließen von Buchdeckeln, das Bücher-Aufeinandertürm-Verbot. Ihren gesamten Machtbereich, so Lennard, habe sie mit gereimten Merksprüchen tapeziert: „Bücher bringen, Bücher holen – immer nur auf leisen Sohlen!" „Knickst du einmal Eselsohren – bist du ganz und gar verloren!" – „Wer ein Buch nicht gut behandelt, wird in einen Wurm verwandelt!" – Er gab zu, er habe sich den letzten Spruch selbst ausgedacht, aber er könne auch von ihr sein. Wenn wir unseren Bücherstapel nach draußen bugsiert hätten, sei das Leiden noch nicht vorbei, denn Martha Rullkötter werde uns bis nach Hause verfolgen. Lennard warnt uns davor, ein Buch unterm Bett zu lagern, mit einem Buch nach zickigen Geschwistern zu werfen oder Fliegen damit totzuschlagen. Dann werde sich ihr geflüstertes Donnerwetter die ganze Nacht lang in das Geräusch des Wind vor unseren Fenstern mischen.
16) Ich freue mich auf die Nachtwanderung durch den Wald zur Burgruine. Unsere Gruppe darf jedoch erst starten, wenn es richtig dunkel ist. Außerdem ist es wichtig, unterwegs keinen Krach zu machen, weil man sonst die Tiere ringsum verschreckt. Taschenlampen benutzt bitte nur im Notfall, da der Vollmond in dieser Nacht für gute Beleuchtung sorgt. Handys sind selbstverständlich verboten.
18) Klara beichtet, sie möge mein Lächeln. Ole warnt, er habe das Gefühl, man belausche uns. Emily fragt, wo eigentlich Malta liege. Frau Bender schimpft, in Jeronimos Text wimmele es von Fehlern. Antonia prahlt, sie sei eine begnadete Kitesurferin. Pia zweifelt, sie fürchte, es werde ihnen nicht gelingen. Tom sagt voller Zuversicht, sie würden das schon schaffen. Antonia weist uns darauf hin, wir sollten das Gendern nicht vergessen.
19) Ida fragt, wann der Schiedsrichter das Spiel endlich anpfeife. Luca fragt, ob Anton im Tor stehe. Max schimpft, er solle nicht so dumm fragen, er sehe ihn doch. Mehmet will wissen, ob Linda auf Linksaußen spiele. Ida bittet, sie sollten leise sein, sie wolle die Durchsage hören.

Lösungsvorschläge

11: Tom und das „Ich so-Sie so-Er so-Problem“

1) Auffällig sind die vielen gleichförmigen Redeeinleitungen der wörtlichen Reden mit den Worten „Sie so, ich so …“ Das klingt nicht gut, ist jedoch praktisch, wenn ein Gespräch einfach, direkt und vor allem schnell wiedergegeben werden soll.
3) Aylas Aussage trifft zu, Hakans Bemerkung ist nachvollziehbar, Emma kann zugestimmt werden, aber vor allem gibt Ben eine sehr treffende Einschätzung.
4) Text a zeigt die Wiedergabe eines Gesprächs in der indirekten Rede mit entsprechenden Konjunktiven. Text b zeigt das Gespräch in der wörtlichen Rede.
5) Hier findet die Wiedergabe von Lennards Erzählung in der indirekten Rede statt, wobei sämtliche Nebensätze, die mit der Konjunktion „dass“ eingeleitet werden, keine Konjunktive, sondern Verben im Indikativ zeigen. So eine „Erleichterung“ ist durchaus möglich, da deutlich wird, dass es sich hier um die Wiedergabe der Aussagen einer anderen Person handelt.

12: In der Podcast Redaktion

2) Ich wies zunächst darauf hin, dass uns nur noch 7 Tage bis zur nächsten Ausgabe bleiben würden. Dann fragte ich, welche möglichen Artikel uns bereits vorlägen. Sven nannte den Bericht über die Karnevalsparty. Britta sagte, die Party habe vor einem halben Jahr stattgefunden. Das interessiere doch keinen Menschen mehr..
Hans-Magnus forderte, was fehle, sei ein richtiger Knaller. Sören schlug daraufhin einen Süßigkeitentestbericht über den Kiosk vor. Britta wünschte sich, den Kreideklau in der 5c zu untersuchen. Da verschwinde nach jeder Deutschstunde ein Dreierpack frischer weißer Tafelkreide, während die Kids in der Sporthalle seien.
Sven schlug vor, jede Woche einen neuen Verdächtigen vorzustellen und daraus eine Krimiserie zum Mitraten zu machen.
Britta vermutete, Frau Blankenhagen, die junge Referendarin, habe ein Tatmotiv. Sie wolle vielleicht vorsorgen und sich zu Hause einen Kreidevorrat für spätere Berufsjahre anlegen.
Ulf entgegnete, das sei nicht seriös, ein Schulpodcast sei kein Salzstreuer für Gerüchte.
Ich fragte, was alle von einem Interview hielten.
Sven wollte wissen, ob sie die Blankenhagen zum Thema Kreideklau befragen wolle. Ich erklärte, ich möchte gern unsere Schulleiterin zu aktuellen pädagogischen Fragen interviewen
Das hielten alle für eine gute Idee!
3) Auf die Frage, was zum Profil unserer Schule gehöre, betonte Frau Schulte, dass sie sehr viel Wert auf das selbstständige Lernen lege. Sie wies dabei auf die Methodentage hin. Sie schätze es besonders, dass man der Schülerschaft zeige wie man Mindmaps erstelle, wie man Präsentationen anfertige und eigene Facharbeiten schreibe. Ansonsten bewundere sie die Arbeit unserer „Öko-Kids“, die Projekte im Naturschutz veranstalten, indem sie etwa Nistkästen anfertigen, Wildtiere versorgen und zu Spenden aufrufen. Dann gebe es unsere wunderbare Theatergruppe und die Big Band, die Aushängeschilder unserer Schule seien. Auf die Frage, wie sie zu dem schlechten Abschneiden der deutschen Schüler im internationalen Vergleich stehe, sagte Frau Schulte, dass die Fragebögen, mit denen das gemessen werde, viele Dinge nicht erfassten. Sie möge Kinder, die sich sozial engagierten, die für einander da seien. Sie freue sich, dass es bei uns so viele Klassen gebe, in denen Menschen verschiedener Herkunft und Hautfarbe friedlich und freundschaftlich miteinander lebten. Das zähle im Leben mehr als die bloßen Zeugnisnoten …

KOHL VERLAG Konjunktiv ...aber gründlich! – Bestell-Nr. 12 734

5) Zum Schulfestwetter gibt es gute Nachrichten: So verspricht uns der Wetterdienst Nord, die Sonne werde den ganzen Tag lang scheinen, am Himmel seien nur schwache Schönwetterwolken zu sehen. In der Südhälfte zögen dagegen dichte Wolken auf. Im Tagesverlauf sei dort örtlich mit Schauern zu rechnen, in den Mittelgebirgen gebe es heftige Gewitter, auch Starkregen sei nicht ausgeschlossen. Im Schwarzwald und an den Alpen krache es ab und zu heftig. Nasse Klamotten seien zu erwarten. Wer dort noch keine Gummistiefel besitze, kaufe sich besser welche oder verkrieche sich daheim hinterm Ofen. Bei uns sei mit Temperaturen zwischen 23 und 28 Grad zu rechnen. Dazu wehe schwacher Wind aus Südwest.

7) **Uralte Jeans für 25.000 Dollar gekauft -** Wie die San Francisco News berichtet, sei der Firma Levi Strauss & Co eine Arbeitshose aus eigener Produktion so viel wert gewesen. Die Hose stamme vermutlich aus dem vorletzten Jahrhundert. Der Aufdruck auf dem Lederetikett am Bund zeige, dass die Jeans irgendwann zwischen 1886 und 1902 genäht worden sei. Es existiere nur noch eine andere Levis aus jener Zeit. Die Hose sei in einem alten Kohlebergwerk in Colorado gefunden worden. Dann sei sie bei einem Trödler in New York gelandet. Ihr endgültiger Platz sei nun im firmeneigenen Museum in San Francisco.

Canelo wartet seit Jahren auf totes Herrchen - Wie die Spanische Zeitung schreibt, beeindrucke die Treue eines Blindenhundes im südspanischen Cadiz die Menschen ringsum. Sieben Jahre nach dem Tod seines alleinstehenden Herrchens warte der Vierbeiner nach wie vor jeden Tag vor den Türen eines Krankenhauses auf seinen Besitzer, der damals in dem Hospital an einem Herzinfarkt gestorben sei. Die Anwohner hätten den etwa zehnjährigen Rüden wegen seiner Fellfarbe „Canelo" (zimtfarben) getauft. Canelo habe sich in den ersten drei Jahren nach dem Tod seines Herrchens nicht vom Fleck gerührt. Ladenbesitzer hätten den Hund gefüttert, später habe er angefangen, in der Gegend um das Krankenhaus herumzustreunen. Und immer noch sitze Canelo vor den Eingang, in dem damals sein Herrchen verschwunden sei.

Hektischer Hirsch im Reformhaus - Die Tageszeitung berichtet, ein randalierender Hirsch habe in einem Cottbuser Reformhaus für Aufregung gesorgt. Ein Mitarbeiter des Geschäfts habe der Polizei mitgeteilt, das Tier im Laden sei hektisch und mache alles kaputt. Polizei und Feuerwehr seien daraufhin ausgerückt und im Flur des Reformhauses auf ein Tier der asiatischen Hirschart „Axis" gestoßen. Der Hirsch sei eingefangen und in den Cottbuser Tierpark zurückgebracht worden. Von dort sei das Tier geflohen.

Fauler Zusteller - Wie das Wochenblatt schreibt, habe die Polizei mehrere 10.000 Briefe am Wochenende bei einem Postboten in Minden sichergestellt. Zunächst habe der Mann die Post aus Bequemlichkeit nicht zugestellt und in seiner Wohnung gesammelt. Später habe er die Umschläge nach Bargeld durchsucht. Als er sein Auto zur Reparatur gebracht habe, sei er aufgeflogen. Der Mechaniker habe im Kofferraum einen Berg Briefe gefunden und die Polizei gerufen. Diese habe zwei Kleintransporter benötigt, um die Umschläge abzutransportieren.

Mehr linke als rechte Schuhe an Stränden - Wie Wissenschaft aktuell berichtet, würden an den holländischen Stränden mehr linke als rechte Schuhe angespült. In Schottland sei es genau umgekehrt. Das habe eine Untersuchung von Biologen ergeben. Wissenschaftler hätten auf der Nordseeinsel Texel 68 linke und 39 rechte Schuhe gefunden. Auf den schottischen Shetlandinseln dagegen hätten sie 63 linke und 93 rechte Schuhe eingesammelt. Mit der Untersuchung habe der auf Meeresvögel spezialisierte Biologe Mardik Leopold beweisen wollen, dass zwei Gegenstände mit einer unterschiedlichen Form im Meer in verschiedene Richtungen treiben.

14: Kleines Audio-Extra

3) Diese drei Verben sind nicht korrekt: hübe (1.Strophe, korrekt: hebe); reibte (4.Strophe, korrekt: reibe); streitete (5.Strophe, korrekt: streite)